In unseren Veröffentlichungen bemühen wir uns, die Inhalte so zu formulieren, dass sie allen Menschen gerecht werden, dass sich alle Geschlechter angesprochen fühlen, wo alle gemeint sind, oder dass ein Geschlecht spezifisch genannt wird. Nicht immer gelingt dies auf eine Weise, dass der Text gut lesbar und leicht verständlich bleibt. In diesen Fällen geben wir der Lesbarkeit und Verständlichkeit des Textes den Vorrang. Dies ist ausdrücklich keine Benachteiligung einzelner Geschlechter.

Impressum

ejw Evangelisches Jugendwerk in Württemberg

ISBN Buch 978-3-86687-328-5
ISBN E-Book 978-3-86687-329-2

Lektorat: buch+musik – Tamara Müller, Stuttgart
Umschlaggestaltung: buch+musik – Daniela Buess, Stuttgart
Satzprogrammierung: X1-Publishing, Stuttgart
Satz Downloads: buch+musik – Daniela Buess, Stuttgart
Bildrechte Umschlag und Inhalt: iStock: Bogdan Populov, Devita ayu Silvianingtyas, DragonTiger, M-Vector, Mochipet
Bildrechte Illustrationen: Jan Müller, Illingen
Bildrechte Rätsel: buch+musik – Daniela Buess, Stuttgart
Bildrechte Autorenfoto: bei der Autorin
Druck und Gesamtherstellung: Gutenberg Beuys Feindruckerei GmbH, Langenhagen

www.ejw-buch.de

Claudia Brenner

DIE KRIPPEN-DETEKTIVE

Vier Kids ermitteln im Advent

Ein Krimi in 24 Kapiteln mit täglichen Aktionen

für Kinder und Gruppen ab 8 Jahren

buch+ musik

Lesestoff

Willkommen bei diesem Adventskrimi! Es warten 24 spannende Tage auf dich, in denen du dich mit Luisa, Maik, Jule und Max in einen waschechten Detektivfall stürzen wirst! Wie bei einem Adventskalender wird an jedem Tag im Advent ein Teil der Geschichte gelesen und bringt ein weiteres Mosaiksteinchen zur Lösung des Falls hervor. Mach dich mit den vier Kindern auf die Suche nach der verschwundenen Krippe und versuche den Fall zu lösen. Aber dich erwartet nicht nur eine Geschichte, sondern 24 Tage voller Spiel, Spaß und Spannung!

Jeden Tag darfst du damit beginnen, dass du einen Teil der **Geschichte** liest. Du siehst immer an der Überschrift, an welchem Tag wir uns gerade befinden.

Die Geschichte schließt an jedem Tag mit der Tagesfrage ab. Hier sind deine grauen Zellen gefragt – hast du bei der Geschichte gut aufgepasst und kannst die Frage beantworten? Wenn nicht, kein Problem! Du kannst ja jederzeit noch einmal nachlesen. Die Tagesfrage ist völlig freiwillig und verrät dir nichts darüber, wie es in der Geschichte weitergeht.

Danach wird es aktiv! Denn jetzt stehen dir an jedem Tag drei unterschiedliche **Aktionen** zur Verfügung, von denen du eine auswählen kannst. Welche du auswählst, hängt davon ab, mit wem zusammen du die Aktion machen möchtest:

Wenn du den Adventskrimi allein liest, kannst du die Aktion mit diesem Symbol machen. Sie ist für eine Person gemacht.

Wenn du den Adventskrimi mit Freundinnen/Freunden oder mit deinen Geschwistern / deiner Familie liest, ist die Aufgabe mit diesem Symbol perfekt für euch! Sie ist für etwa zwei Personen gemacht, kann aber auch mit ein paar mehr Personen gemacht werden.

Wenn du allerdings mit ganz vielen Personen den Adventskrimi liest – also z. B. mit deiner Jungschargruppe oder im Kommunionsunterricht – dann ist die Aktion mit diesem Symbol perfekt!

Die Aktionen sind natürlich immer freiwillig! Wenn du also einmal keine Zeit hast, dann musst du keine Angst haben, dass du etwas verpasst, denn sie verraten auch nichts darüber, wie es in der Geschichte weitergeht. Du kannst die Aktionen auch austauschen!

Für viele der Aktionen brauchst du verschiedenes **Material**. Dieses Material findest du im Kapitel „Material" im Anhang („Zusatzstoff") für jeden Tag und jede Aktion übersichtlich aufgelistet. Schau dir am besten rechtzeitig an, welche Materialien du an den verschiedenen Tagen brauchst, damit du genug Zeit hast, es zu besorgen!

Im Kapitel „Lösungen" im Anhang („Zusatzstoff") findest du außerdem alle **Auflösungen** der Rätsel. Wenn du ein Rätsel gelöst hast, kannst du dort nachschauen, ob du richtig liegst. Spicke aber nicht schon vorher, sonst verdirbst du dir den Spaß am Rätseln.

Für manche Aktionen darfst du einen Blick in die **Bibel** werfen und entdecken, was dort geschrieben steht. Falls du nicht weißt, wie man sich in der Bibel zurechtfindet, haben wir im Downloadbereich eine Anleitung für dich gemacht.

Tipps für Eltern und Mitarbeitende

Lesen in der Familie

Wird das Buch in der Familie oder mit mehreren Personen gelesen, ist es ratsam, eine feste Zeit zu vereinbaren, wann die Geschichte weitergelesen wird, z. B. immer nach dem Mittagessen oder nach dem Abendessen – oder man liest am Wochenende mehrere Geschichten vor. Dann können auch die Aktionen gemeinsam gemacht werden. Beim Lesen kommt man vielleicht an der einen oder anderen Stelle ins Gespräch und kann Themen vertiefen.

Lesen in der Kindergruppe

In der Kindergruppe (z. B. Jungschar oder Kommunionsunterricht) wird die Geschichte gelesen, die am entsprechenden Tag dran ist. An diesem Tag wird die Aktion gemeinsam gemacht (Aktion für viele, s. o.). An den anderen Tagen lesen die Kinder die Geschichte für sich oder mit anderen Personen zusammen und können, wenn sie wollen, die Tagesaktion durchführen. Dazu braucht jedes Kind ein Exemplar des Buches. Am Wochentag der Kindergruppenstunde gibt es erst einen Rückblick und eine Zusammenfassung der letzten Tage, dann werden die Ergebnisse zusammengetragen.

Detektivtraining: Eine Möglichkeit, um die Geschehnisse aus der Geschichte am Anfang jeder Gruppenstunde wieder ins Gedächtnis zu rufen, und gleichzeitig ein schönes Rahmenprogramm ist ein Detektivtraining. Dabei kann mit einer Runde „1, 2 oder 3" begonnen werden. Dazu braucht es drei Felder (die mit Klebestreifen o. Ä. abklebt oder eingeteilt werden). Es wird die Tagesfrage gestellt und die drei Antworten vorgelesen. Jedes Feld steht für eine mögliche Antwort. Die Kinder hüpfen in allen drei Feldern umher und die Gruppenleitung zählt von drei auf eins herunter. Bei „eins" müssen die Kinder sich entschieden haben, auf welchem Feld sie stehen möchten, also welche Antwort sie entsprechend geben wollen. Für alle richtig beantworteten Fragen gibt es einen Punkt, die Punkte werden pro Kind in jeder Woche notiert. Zusätzlich kann entweder zu Beginn des Advents oder in jeder Gruppenstunde ein Detektivtraining angeboten werden, bei dem die Kinder zeigen können, dass sie richtige Detektive sind. Am Ende der Adventszeit kann für die Kinder dann für das Detektivtraining eine Urkunde ausgestellt werden, in dem auch die Punkte von „1, 2 oder 3" eingetragen werden. Vorschläge für entsprechende Spiele und Übungen sowie eine Vorlage für eine Urkunde sind im Downloadbereich zu finden. Außerdem sind die Aktionen jeweils selbst als Detektivtraining aufgebaut.

Lesen via Videocall: Eine weitere Idee ist es, sich als Gruppe während der Adventzeit täglich zu einer festgelegten Zeit per Videocall zu treffen. Dort wird die Geschichte weitergelesen und die Aktionen können trotzdem gemeinsam gemacht werden.

Die letzten Tage vor Heilig Abend: Finden vor dem Heiligen Abend keine Kindergruppen mehr statt, könnten die Mitarbeitenden die Geschichten als Audio-Datei aufnehmen und an die Kinder verschicken. So hören die Kinder die Geschichten von „ihren" Mitarbeitenden vorgelesen.

Allgemeine Hinweise und Downloads

Spannung im Krimi: In diesem Adventskrimi wird es manchmal auch etwas spannend, vor allem gegen Ende. Es ist deshalb ratsam, dass Eltern oder Mitarbeitende die Geschichten vorher selbst lesen, bevor sie den Kindern vorgelesen bzw. mit ihnen gelesen werden.

Downloads: Im Buch sind alle Rätsel und im Anhang alle Rätselauflösungen und Materialangaben abgedruckt. Zusätzlich sind alle Rätselvorlagen, Rätselauflösungen, Bastelanleitungen, eine Anleitung zum Bibellesen und Vorschläge für das Detektivtraining im Downloadbereich zu finden.

Unter download.ejw-verlag.de können diese Vorlagen mithilfe des Passworts „)kTM(+" als digitale Daten heruntergeladen werden. Dieses Passwort darf nicht weitergegeben werden. Nur der Kauf des Buches berechtigt zum Downloaden, Ausdrucken, Kopieren und Verwenden dieser Daten, sofern sie zur Vorbereitung und Durchführung der Inhalte dieses Buches verwendet werden. Eine Vervielfältigung, Verwendung oder Weitergabe darüber hinaus ist ohne Erlaubnis ausdrücklich nicht gestattet.

Ich wünsche den Kindern, Familien und Mitarbeitenden eine gesegnete Adventszeit voller Spannung, Spaß und guten Impulsen!

CLAUDIA BRENNER

RÄTSELSTOFF

1. Dezember

Es ist der 1. Dezember und die Nächte werden kälter. Die Eltern fangen an, sich Gedanken um die Weihnachtsgeschenke zu machen. Was könnten sie ihren Kindern schenken? Die Eltern von Luisa und Maik unterhalten sich immer wieder über mögliche Ideen.

Auch die Kinder machen sich Gedanken, was sie basteln können, um ihren Eltern eine Freude zu machen. Die Geschwister Luisa und Maik wollen sich ins Zeug legen, damit alles bis Weihnachten fertig wird. In der Kindergruppe haben sie einige Ideen bekommen, die sie jetzt umsetzen wollen.

In der Nachbarschaft wohnen auch Max und Jule. Mit den beiden treffen sich Luisa und Maik oft nach der Schule. Treffpunkt ist eine alte Scheune, die Jules Eltern gehört. Dort steht eine alte Sitzgarnitur, die von ihren Eltern aussortiert wurde. Heute treffen sie sich wieder dort. Sie spielen eines ihrer Lieblingsspiele: „Wer findet den Schatz?" Dazu muss ein Kind den „Schatz" verstecken und die anderen bekommen Hinweise und müssen so lange suchen, bis sie ihn gefunden haben. Dabei geht es manchmal recht abenteuerlich zu.

Als es ihnen zu kalt wird und sie anfangen zu frieren, gehen sie zu den Eltern von Luisa und Maik und bekommen heiße Schokolade serviert. Das ist lecker und ihnen wird schnell warm. Als sie den letzten Schluck getrunken haben, hören sie, wie sich die Eltern unterhalten. Sabine Müller sagt gerade zu ihrem Mann Reinhard: „Sie ist weg, einfach weg! Und keiner weiß, wo sie ist!"
Herr Müller fragt nach: „Wie, weg? Die kann doch nicht weg sein! Sie ist doch immer am gleichen Platz!"

Maik fragt neugierig: „Was ist denn weg?"
Seine Mutter antwortet: „Die Weihnachtskrippe ist weg! Ich habe mich heute mit der Mesnerin der Kirchengemeinde unterhalten. Sie hat mir ganz aufgeregt erzählt, dass sie heute auf dem Speicher war und nach etwas anderem gesucht hat. Und da hat sie festgestellt, dass die Krippe nicht mehr dort war!"
Jetzt platzt auch Luisa heraus: „Aber eine Weihnachtsfeier ohne diese Krippe ist unmöglich! Sie ist immer bei der Waldweihnacht und im Weihnachtsgottesdienst im Einsatz! Außerdem ist sie ganz besonders schön, sie wurde von meinem Urgroßvater geschnitzt und der Kirchengemeinde geschenkt. Wie kann die denn weg sein?"

? Wie heißen die Kinder?

- ☐ Peter, Ida, Leon und Anika
- ☐ Felix, Micha, Victoria und Amelie
- ☐ Lisa, Maik, Max und Jule

Such dir eine der drei Aktionen aus!

Geschenke-Textgitter

Es geht auf Weihnachten zu und alle machen sich Gedanken über Weihnachtsgeschenke. Schaue dir das Textgitter an. Welche Geschenkwünsche der Kinder verbergen sich darin? Lies entweder von links nach rechts oder von oben nach unten. Umkreise die Wörter mit einem (bunten) Stift. Findest du mit deinem Spürsinn alle dreizehn Begriffe?

B	X	U	D	P	O	H	T	Y	L	D	T
A	O	A	H	U	E	B	I	B	E	L	A
U	F	C	A	Z	F	U	H	R	B	E	G
S	E	S	R	Z	G	C	L	O	Z	O	E
T	R	T	M	L	B	H	O	S	E	I	B
E	N	V	M	E	P	G	A	I	U	U	U
I	G	I	T	A	R	R	E	X	N	H	C
N	L	O	A	U	T	O	C	U	T	N	H
E	A	M	S	O	C	K	E	N	H	M	G
E	S	B	S	P	I	E	L	E	N	P	H
0	Y	B	E	G	M	S	O	E	W	E	N
T	A	S	C	H	E	N	L	A	M	P	E

Schatz-Suche

Detektive müssen ständig irgendeine Spur suchen und daraus Schlüsse ziehen. Die Kinder spielen deshalb gern „Wer findet den Schatz". Jetzt dürft ihr einen Schatz verstecken und jemand anderes soll ihn suchen.
Ein Kind versteckt einen gestellten Wecker oder ein Handy mit Timer zusammen mit einer Süßigkeit irgendwo im Haus oder Garten. Sobald es klingelt, dürfen alle anderen ausschwärmen und müssen sich vom Geräusch leiten lassen. Wer entdeckt den Wecker oder das Handy zuerst? Er oder sie wird mit einer Süßigkeit belohnt. Wer die Süßigkeit gefunden hat, darf den Wecker oder das Handy mit einer anderen Süßigkeit verstecken.

Schatz-Schnitzeljagd

Detektive müssen immer wieder Spuren verfolgen und Schätze bergen. Das ist manchmal gar nicht so leicht. Hier könnt ihr trainieren, wie ihr Hinweise entdecken und verfolgen könnt.
Eine Mitarbeiterin / ein Mitarbeiter versteckt einen Schatz (eingepackte Süßigkeiten) im Umkreis von 1 bis 2 km vom Ausgangspunkt entfernt. Die Kinder werden in Kleingruppen eingeteilt und dann losgeschickt (es sollte immer eine Mitarbeiterin / ein Mitarbeiter dabei sein). Sie bekommen einen Hinweis, wo sich der nächste Hinweis befindet. Dort gibt es dann einen weiteren Hinweis, der ihnen sagt, wohin sie nun laufen müssen. Hinweise können z. B. sein:

- Der erste Hinweis liegt am Obstbaum. Geht von dieser Stelle aus etwa 20 Meter nach rechts und von dort etwa 10 Meter geradeaus. Dort findet ihr den nächsten Hinweis.
- Rechne: 30-10 und das Ergebnis x2. So viele Schritte müsst ihr geradeaus gehen, danach lauft ihr in die rechte Straße hinein. Nach wenigen Metern gibt es den nächsten Hinweis.

Nach sieben bis zehn Hinweisen sollten die Kleingruppen den Schatz finden. Die Süßigkeiten sollten für alle Detektive ausreichen.

2. Dezember

Die vier Kinder sitzen in Maiks Zimmer. Sie müssen die Nachricht von der verschwundenen Krippe erst noch verdauen. Sie grübeln gemeinsam: Wer hat wohl die Krippe geklaut? Und warum? Jule steht auf und schaut die anderen entschlossen an: „Wisst ihr was? Wir machen uns auf die Suche nach der Krippe und fragen verschiedene Leute, ob sie die Krippe gesehen haben!"
„Au ja, das ist eine gute Idee!" Max springt begeistert auf. „Dann machen wir uns gleich auf die Socken und überlegen uns, wen wir zuerst fragen. Lasst uns doch gleich zur Mesnerin gehen, vielleicht kann sie uns mehr dazu sagen."

Gesagt, getan. Sie laufen zu Frau Schmidt und klingeln. Nach wenigen Sekunden geht die Tür auf, und Frau Schmidt schaut sie fragend an. „Hallo, so ein seltener Besuch. Wie kann ich euch helfen?"
Da platzt Luisa raus: „Wir haben gehört, dass die schöne Weihnachtskrippe gestohlen wurde und da wollten wir Sie fragen, ob Sie irgendetwas beobachtet haben?"
Frau Schmidt schaut sie verständnislos an: „Was soll ich denn beobachtet haben?"
„Na, vielleicht haben Sie ja jemanden in der Nähe der Kirche gesehen, der verdächtig ausgesehen hat und der die Krippe vielleicht gestohlen hat?" Luisa schaut sie erwartungsvoll an.
Aber Frau Schmidt erwidert: „Ich glaube, ihr habt zu viele Kinderkrimis gelesen. Wer sagt euch denn, dass sie gestohlen wurde?"
Jetzt schaltet sich Max ein: „Wenn die Krippe sonst immer auf dem Speicher der Kirche gelagert wurde und sie jetzt nicht mehr dort liegt, muss sie ja jemand weggetan haben. Die Frage ist nur, wer?"

„Tja, das ist wirklich seltsam, das gebe ich zu", sagt Frau Schmidt. „Aber es kann ja auch einen ganz anderen Grund haben, warum sie nicht mehr da ist. Ich muss mit Pfarrer Huber reden. Er ist gerade auf einer Tagung und kommt morgen wieder zurück. Vielleicht weiß er etwas darüber? Also mehr kann ich euch dazu nicht sagen. Macht euch mal keine Sorgen. Die Krippe taucht schon wieder auf. So, jetzt geht mal schön wieder nach Hause, es wird gleich dunkel!"
„Also gut, tschüss, Frau Schmidt!"

Die Kinder verabschieden sich von ihr und verabreden sich für den nächsten Tag. Sie sind immerhin einen Schritt weiter: Frau Schmidt hat niemanden gesehen, der verdächtig aussah, und morgen können sie ja Pfarrer Huber besuchen. Mal sehen, ob sie dort mehr erfahren werden.

? Wo treffen sich die Kinder oft?

☐ an der Kirche im Ort
☐ in der Scheune von Jules Eltern
☐ an der Bushaltestelle

Such dir eine der drei Aktionen aus!

Bilder-Rätsel

Die Kinder müssen als Detektive gut kombinieren können. Mit diesem Rätsel kannst du testen, ob du auch so gut kombinieren kannst. Setze zuerst senkrecht die gesuchten Worte 1 bis 9 ein. Wenn du die Antworten alle richtig eingetragen hast, ergeben die Buchstaben mit dem dunkleren Hintergrund waagrecht etwas, das an Weihnachten auf keinen Fall fehlen sollte.

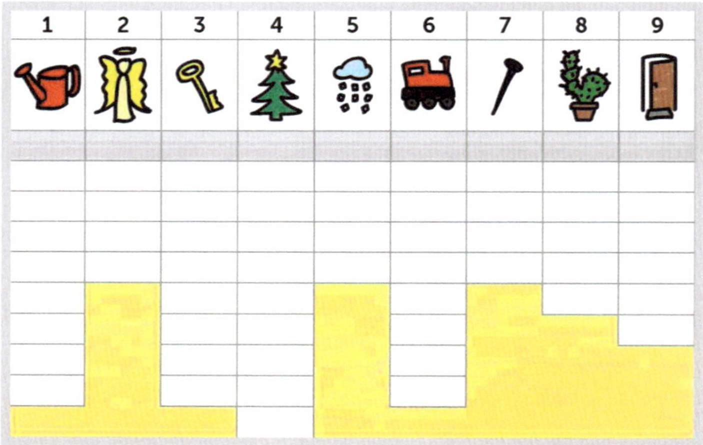

1. Mit welchem Gefäß transportiert man Wasser, um die Blumen zu gießen? **2.** Wie heißen die Boten Gottes, die auch in der Weihnachtsgeschichte vorkommen? **3.** Was braucht man, um eine verschlossene Tür zu öffnen? **4.** Wie nennt man den Baum, den man an Weihnachten schmückt? **5.** Wie heißt der Niederschlag in Form von meist erbsengroßen, körnigen Eisstückchen? **6.** Wie nennt man dieses Spielzeug, das man an Weihnachten gern Kindern schenkt? **7.** Wie nennt man den kleinen Gegenstand, mit dem man z. B. ein Bild an die Wand hängen kann? **8.** Wie bezeichnet man eine säulen- oder kugelförmige Pflanze, die in ihrem verdickten Stamm Wasser speichert und meist Dornen trägt? **9.** Was ist das Gegenteil von einem Ausgang?

Ermittlungs-Tagebuch

Detektive erfahren im Laufe der Ermittlungen so viele Details, dass sie sie sich nur schwer merken können. Am besten ist es, wenn man da ein Ermittlungstagebuch erstellt, in dem man wichtige Sachen festhalten kann. Probiert das mal aus!

Nehmt ein großes Plakat und zeichnet dort die Tabelle auf. Wenn ihr die Infos aus der Geschichte täglich eintragt, kommt ihr vielleicht ganz schnell selbst auf die Lösung des Falls.

	Was habt ihr erfahren?	Welches Kind hat ermittelt?	Mit wem wurden Interviews geführt?
1. Dezember			
2. Dezember			
3. Dezember			
usw.			

Gedächtnis-Training

Für Detektive ist es sehr wichtig, dass sie sich viele Dinge merken können. Deshalb dürft ihr jetzt euer Gedächtnis trainieren.

Die Gruppe stellt sich im Raum auf, jedes Kind hat eine bestimmte Pose, z. B. Arme nach oben gestreckt, Beine gegrätscht, Hände ineinander verschlungen, Kopf nach oben. Das Kind, das sich gemeldet hat, geht nun von Kind zu Kind und schaut sich diese Posen 1 Minute lang ganz genau an. Danach geht es vor die Tür und die Gruppe bestimmt, welches Kind seine Pose verändert. So kann z. B. ein Kind, das vorher die Arme nach oben gestreckt hat, nun die Arme nach unten fallen lassen. Nun darf das Kind wieder hereinkommen und sich alle Kinder mit ihren Posen genau anschauen. Findet es heraus, welche Posen geändert wurden?

3. Dezember

Am nächsten Tag vereinbaren die vier Kinder auf dem Schulhof, dass sie sich um 16.00 Uhr an der Scheune treffen und von dort zu Pfarrer Huber gehen wollen. Nachdem die Hausaufgaben gemacht sind, treffen sie sich wieder in ihrer Scheune. Von dort laufen sie zum Pfarrhaus und klingeln, doch nichts passiert. Die vier sind schon ganz enttäuscht und wollen schon wieder gehen, da hören sie Geräusche hinter dem Haus. Beherzt steigen sie über den Gartenzaun und laufen dorthin, von wo sie die Geräusche gehört haben. Sie sehen Pfarrer Huber in der Garage stehen, der einige schwere Kübel trägt. Jule spricht ihn an: „Hallo, Pfarrer Huber!"
Pfarrer Huber erschrickt so sehr, dass ihm ein Kübel aus der Hand und auf seinen Fuß fällt: „Autsch! Man oh man, habt ihr mich erschreckt! Was kann ich denn für euch tun?"

Jule erzählt, dass die Weihnachtskrippe gestohlen wurde und sie ihn deshalb fragen wollen, ob er mehr darüber weiß.
Pfarrer Huber ist entsetzt: „Was?! Die Weihnachtskrippe ist gestohlen worden?! Davon weiß ich ja gar nichts! Ich war drei Tage auf einer Tagung und bin heute Mittag erst zurückgekommen. Woher wisst ihr das denn mit der Krippe?"
Jetzt schaltet sich Luisa ein: „Wir haben es von meinen Eltern gehört und die wissen es von der Mesnerin."

Pfarrer Huber verspricht den Kindern, sich darum zu kümmern und mit Frau Schmidt zu reden, und schickt sie wieder nach Hause.

Die vier Kinder begeben sich in ihre Scheune und überlegen, wie sie weiter vorgehen sollen. Jule hat eine Idee: „Gegenüber der Kirche wohnt doch Oma Wegst. Wir könnten ihr doch morgen einen Besuch abstatten und fragen, ob sie in letzter Zeit etwas beobachtet hat. Vielleicht kann sie uns ja weiterhelfen?"
Frau Wegst ist eine ältere Dame, die schon ewig in einem kleinen Haus gegenüber der Kirche wohnt. Da sie zu jedem Menschen freundlich ist und besonders die Kinder mit Süßigkeiten verwöhnt, sagen alle Oma Wegst zu ihr.
Max erwidert: „Au ja, das ist eine gute Idee. Außerdem macht Frau Wegst die besten Muffins." Jule seufzt: „Du denkst wiedermal nur ans Essen!"
„Gar nicht wahr", verteidigt sich Max. „Aber das mit den Muffins wäre einfach klasse." Nach ihrer Besprechung verlassen die Kinder die Scheune und gehen nach Hause.

Bei Müllers wird zu Abend gegessen. Papa Reinhard Müller ist Polizist und er berichtet, dass in den letzten Tagen immer wieder in Schrebergärten eingebrochen wurde. Luisa und Maik schauen sich an und denken das gleiche: Das müssen sie morgen unbedingt den anderen erzählen!

? Was fehlt auf dem Dachboden?

- ☐ Schaukelpferd
- ☐ Weihnachtsdeko
- ☐ Weihnachtskrippe

Such dir eine der drei Aktionen aus!

Labyrinth-Rätsel

Um als Detektiv arbeiten zu können, braucht es ein Training. Die Kinder haben ja auch verschiedene Ideen und müssen schauen, welche Idee sie auf den richtigen Weg bringen könnte. Mit dieser Aufgabe kannst du testen, wie schnell du einen Weg finden kannst. Welcher Weg führt zum Haus von Pfarrer Huber?

Lieder-Raten

Wir nähern uns gerade in der Adventszeit Tag für Tag Weihnachten. Zur Adventszeit gehört es z. B. auch, bestimmte Lieder zu hören oder zu singen. Welche Lieder fallen euch ein, die in der Kindergruppe oder Kirche in der Adventszeit gesungen werden?
Reihum dürfen alle ein Lied (an-)singen oder summen und die anderen müssen erraten, welches Lied das ist. Oder ihr macht eine Liederreihe: Ein Kind singt ein Lied und stoppt irgendwo. Das nächste Kind muss nun ein Lied singen, das mit dem letzten gesungenen Wort beginnt. Wie weit könnt ihr die Reihe fortsetzen?

Wortschatz-Training

Es ist gut, wenn Detektive einen großen Wortschatz haben und gut kombinieren können. Denn so kommt man schneller auf die Lösung. Hier könnt ihr testen, wie groß euer Wortschatz ist.
Bildet zwei Gruppen. Sie bekommen abwechselnd ein Wort gesagt oder gezeigt und sollen dann in 1 Minute alles aufzählen, was ihnen dazu einfällt. Die Wörter werden gezählt (am besten mit einer Strichliste), Doppelungen zählen nicht. Welche Gruppe hat mehr Wörter aufgezählt?

Beispiel für das Wort „Wasser": Sprudel, See, Schwimmbad, Meer, Regen, Pfütze
Folgende Wörter könnt ihr z. B. benutzen: Weihnachten, Kirche, Tiere, Geschenkideen, Freundschaft, Winter, Schule, Krimi, Schatz

4. Dezember

Am nächsten Morgen erzählen Luisa und Maik, was sie gestern von ihrem Vater wegen der Einbrüche erfahren haben.
„Das ist ja der Hammer! Vielleicht sind das die gleichen Leute, die auch die Weihnachtskrippe gestohlen haben", ruft Max begeistert.
Jule hat da ihre Zweifel: „Aber was wollen Diebe mit einer Weihnachtskrippe anfangen?"
Max überlegt: „Vielleicht ist ja nicht nur die Weihnachtskrippe gestohlen worden, sondern auch noch andere Sachen vom Speicher der Kirche?"
„Das ist gut möglich", schaltet sich nun auch Luisa ins Gespräch ein. „Vielleicht hat Frau Schmidt das noch gar nicht bemerkt. Wir könnten ihr doch gleich heute Mittag nochmals einen Besuch abstatten!"
Max protestiert: „Aber wir wollten doch zu Oma Wegst gehen!"
„Wir können uns ja aufteilen", schlägt Jule vor. „Zwei von uns gehen zu Frau Schmidt und zwei gehen zu Oma Wegst".
Max prescht vor: „Also ich will unbedingt zu Oma Wegst."
„Schon klar, du willst bloß die guten Muffins probieren", neckt ihn Jule. „Dann geht Max mit mir zu Oma Wegst und Maik und Luisa besuchen Frau Schmidt!"

Gesagt, getan. Am Nachmittag klingeln Jule und Max bei Oma Wegst. Sie öffnet überrascht: „Ach, wen haben wir denn da? Wollt ihr hereinkommen?"
„Au ja, das wäre schön", antwortet Max. „Wir wollen Sie nämlich etwas fragen."
„Na, dann kommt doch erst einmal herein. Wollt ihr einen Muffin haben? Ich habe heute gebacken."
Max' Augen leuchten vor Begeisterung: „Au ja, gern!"

Jule hat auch nichts dagegen und so setzen sie sich an den Küchentisch. Oma Wegst ist gespannt: „So, was wollt ihr mich denn nun so Wichtiges fragen?"

Jule erzählt ihr die ganze Geschichte. Dann fragt sie: „Haben Sie in den letzten Tagen etwas Ungewöhnliches gesehen?"
Oma Wegst staunt: „Was soll ich denn gesehen haben?"
Max antwortet: „Na, vielleicht haben Sie jemanden in der Nähe gesehen, der sich irgendwie verdächtig verhalten hat?"
„Da muss ich nachdenken ... Also vor ein paar Tagen ist so ein weißer Lieferwagen mal einige Stunden am Wegrand gestanden. Da kamen zwei Männer heraus, die ich nicht gekannt habe. Sie sind hinter der Kirche verschwunden. Aber mehr kann ich euch dazu nicht sagen."
Max fragt weiter: „Wissen Sie noch, ob der Lieferwagen eine Firmenaufschrift hatte?"
Oma Wegst überlegt: „Nein, das weiß ich nicht mehr. Aber sagt mal, warum interessiert euch das?"
„Ach, wir interessieren uns nur dafür, was in unserem Dorf so vor sich geht", antwortet Jule schnell. „So, wir müssen dann auch wieder los! Danke Frau Wegst für die leckeren Muffins!"
„Ja, vielen Dank, das waren die besten Muffins, die ich seit langem gegessen habe", lobt Max.

Unterwegs tragen sie zusammen, was sie heute erfahren haben. Es waren also Männer in einem Lieferwagen an der Kirche. Das müssen sie gleich Maik und Luisa erzählen. Was die beiden wohl bei Frau Schmidt herausgefunden haben?

? Für was ist Oma Wegst im Dorf bekannt?

☐ Sie kann gut singen.
☐ Sie kann gut Muffins backen.
☐ Sie kann gut malen.

Such dir eine der drei Aktionen aus!

Teelicht-Experiment

Jetzt kommt eine spannende Sache, die du ausprobieren darfst. Denn Detektive sollten einiges wissen, damit sie besser kombinieren können. Deshalb darfst du heute ein Experiment mit einem Teelicht machen, denn in der Adventszeit werden viele Teelichter und Kerzen angezündet.

Besorge dir ein Teelicht, ein durchsichtiges Glas, eine durchsichtige Schüssel (dann kannst du es besser sehen) und zwei Gummibärchen. Fülle die Schüssel mit Wasser. Aus dem Teelicht nimmst das Wachs heraus und legst die Alu-Verkleidung mit der Öffnung nach oben auf das Wasser in der Schüssel. Jetzt legst du die beiden Gummibärchen in die Aluverkleidung. Wie kannst du das Alu-Schiffchen jetzt auf den Boden der Schlüssel bringen, ohne dass die Gummibärchen nass werden?

Hast du es geschafft? Wenn nicht, ist das gar nicht schlimm. Schau im Kapitel „Lösungen“ im Anhang („Zusatzstoff“) nach, dort findest du die Lösung.

Muffin-Bäckerei

Jule und Max haben sehr gute Muffins von Oma Wegst bekommen. Auch die besten Detektive müssen auf regelmäßiges Essen achten, sonst arbeitet das Gehirn nicht richtig. Macht euch selbst die weltbesten Schokoladen-Muffins!
Heizt den Backofen auf 180 Grad (160 Grad Umluft) vor. Hackt die Schokolade klein. Dann zerlasst ihr die Butter und lasst sie kurz abkühlen. Rührt die Milch und dann die Eier unter. Mischt nun das Mehl mit Zucker, Backpulver und Kakao. Rührt dann die Eiermilch unter die Mehlmischung und hebt die Schokostücke unter. Füllt jetzt den Teig jeweils dreiviertel hoch in die Formen und backt die Muffins ca. 30 Minuten im Backofen, bis sie schön gebräunt sind. Lasst sie kurz in der Form ruhen, nehmt sie anschließend vorsichtig heraus und serviert sie warm.

Advents-Überraschung

Oma Wegst lebt allein in einem Haus und ist manchmal sicher etwas einsam. In eurer Umgebung gibt es bestimmt ebenfalls einige Menschen, die allein leben und vielleicht Hilfe brauchen. Könnt ihr etwas tun, um diesen Menschen eine Freude zu machen? Überlegt euch, ob ihr z. B. etwas basteln oder backen wollt, um ihnen eine Freude zu bereiten. Sobald ihr etwas hergestellt habt, könnt ihr die Menschen besuchen und ihnen euer Geschenk mitbringen. Oder vielleicht ihr singt ihnen ein Adventslied vor? So zaubert ihr ihnen sicher ein Lächeln ins Gesicht.

5. Dezember

Luisa und Maik klingeln bei Frau Schmidt. Sie ist erstaunt: „Na, da seid ihr ja schon wieder! Geht es immer noch um die Weihnachtskrippe? Pfarrer Huber war schon bei mir. Ihm habe ich das Gleiche erzählt, was ich euch auch gesagt habe."
Luisa erklärt: „Es lässt uns einfach keine Ruhe. Und dann wollten wir Sie noch fragen, ob außer der Weihnachtskrippe noch etwas anderes gestohlen wurde?"
„Also nochmal:", sagt Frau Schmidt, „Es ist ja noch gar nicht klar, ob die Krippe gestohlen wurde. Und ob noch was anderes fehlt, weiß ich nicht."
„Könnten wir nicht kurz auf den Speicher gehen und nachschauen?", fragt Maik vorsichtig.
„Soweit kommt es noch! Wenn jemand auf den Speicher geht, dann bin ich es, ihr habt da oben nichts verloren!" Frau Schmidt sieht die beiden ernst an.
„Können wir nicht doch mitkommen?" Luisa lässt nicht locker. „Ich würde so gern mal den Kirchturm-Speicher sehen und von oben auf unser Dorf schauen!"
„Au ja, das wäre einfach super!", ruft Maik.
„Also ich weiß nicht ... hm. Also gut, dann nehme ich euch mit, aber ihr müsst euch an meine Anweisungen halten, klar? Die Stufen sind sehr steil!"

Und so machen sie sich auf den Weg zur Kirche. Dort schließt Frau Schmidt den Kirchturm auf und sie gehen hinauf zum Speicher. Die Beleuchtung ist schummerig und überall sind Spinnweben. Luisa ekelt sich vor Spinnen, doch tapfer steigt sie weiter hinauf. Nach vielen Stufen sind sie endlich oben angekommen. Frau Schmidt

führt Maik und Luisa an die Stelle, wo für gewöhnlich die Weihnachtskrippe steht. Man sieht noch die Abdrücke im Staub, aber die Krippe ist definitiv weg. Luisa fragt: „Frau Schmidt, fehlt denn noch etwas anderes?"
Frau Schmidt schaut sich auf dem Speicher um, dann ruft sie: „Oh nein! Hier stand vor kurzem ein Bild von Martin Luther, das beim Renovieren im Frühjahr gefunden wurde. Wir wollten es zum Restaurieren bringen, damit wir es in der Kirche aufhängen können. Es war ein altes und wertvolles Bild."
„Kann das Bild von einer anderen Person zum Restaurateur gebracht worden sein?", hakt Maik nach.
„Nein, es war ausgemacht, dass ich meinen Mann damit beauftrage. Aber ich bin einfach nicht dazu gekommen. Nun ist es weg!"
„Wer weiß denn von diesem Bild?" Jule sieht die Mesnerin verständnisvoll an.
„Was?", antwortet Frau Schmidt etwas gedankenverloren. „Ähm, das stand sogar in der Zeitung, dass wir etwas Wertvolles gefunden haben und dass es restauriert werden soll."
Luisa und Maik schauen sich wissend an. Das könnte ja Diebe auf die Idee gebracht haben, das Bild zu stehlen. Aber warum nehmen sie dabei auch noch die Weihnachtskrippe mit? Frau Schmidt und die Kinder steigen die steilen Stufen wieder hinab und verabschieden sich. Luisa und Maik wollen auf jeden Fall den beiden anderen berichten, was sie herausgefunden haben.

? Was fehlt auf dem Speicher außer der Krippe noch?

- ☐ Fußball
- ☐ Trompete
- ☐ Bild von Martin Luther

Such dir eine der drei Aktionen aus!

Mäuse-Rätsel

Für Luisa war der Weg zum Speicher sehr schwierig, denn es ekelte sie vor den ganzen Spinnen. Vor was ekelst du dich so richtig? Als Detektiv darfst du vor nichts Angst haben und musst manchmal auch deinen Ekel überwinden. Hier kommt dein Tagestraining als Detektiv: Auf einem Speicher gibt es neben Spinnen oft Mäuse. Findest du heraus, welche drei Mäusepärchen zusammenpassen?

Tier-Quiz

Für Luisa war es nicht so einfach, auf den Kirchturm zu steigen, denn sie ekelt sich vor Spinnen. Dabei sind Spinnen ganz schön nützlich und faszinierend. Wusstet ihr z. B., dass Spinnen acht Augen haben, die je nach Art unterschiedlich am Kopf platziert sind? Als Detektiv kann man nie genug neue, interessante Informationen sammeln, man weiß ja nie, wofür man sie braucht. Hier könnt ihr euer Wissen über Tiere testen. Löst das Tier-Quiz und unterstreicht die richtigen Antworten.

1. Wie weit kann ein Känguru springen? a) 6 Meter b) 10 Meter c) 12 Meter d) 15 Meter **2.** Welches Tier nennen wir auch „den besten Freund des Menschen"? a) Löwe b) Affe c) Hund d) Delfin **3.** Wie nennt man die Chefin eines Bienenvolkes? a) Bienenkönigin b) Bienenmama c) Bienenleiterin d) Bienenboss **4.** Wovon ernähren sich Schweine? a) Pflanzen b) Insekten c) von allem (Allesfresser) d) Fleisch **5.** Wieso spucken Lamas? a) um ihre Zuneigung auszudrücken b) um ihre Dominanz zu zeigen c) um zu zeigen, dass sie Hunger haben d) ohne Grund **6.** Wie alt werden Schildkröten? a) 20 Jahre b) 60 Jahre c) 100 Jahre d) 150 Jahre

Buchstaben-Salat

Ihr habt gelesen, wie die vier Kinder ermitteln und versuchen, das Rätsel zu lösen. Und manchmal muss man als Detektiv ganz schön um die Ecke denken und verzwickte Hinweise entschlüsseln. Ihr bekommt nun ebenfalls ein verzwicktes Rätsel, das ihr gemeinsam lösen sollt: Auf dem Speicher gibt es Vieles, was dort gelagert ist. Versucht herauszufinden, was sich hinter dem Buchstabensalat befindet und entschlüsselt die Wörter. Der erste und letzte Buchstabe im Wort muss nicht mehr an eine andere Position gebracht werden. Beispiel: LEAMPN = LAMPEN

BTICEBRISHE	
KDENÄTSEREZNR	
BRILDHANEMRN	
KNEDLUIG	
GRHSIECR	
DKTEORAION	
KZREEN	
FERUUEZEG	
KTRNOAS	

6. Dezember

Heute ist Nikolaustag. Luisa und Maik stehen schon früh auf und schauen sofort in ihre Stiefel. Da sind viele schöne Sachen drin. Sie freuen sich sehr darüber und bedanken sich bei ihren Eltern.

Nachmittags treffen sich die vier Kinder in der Scheune. Sie erzählen sich erst, was in ihren Stiefeln versteckt war, und dann berichten Luisa und Maik, was sie gestern herausgefunden hatten. Das könnte eine erste Spur sein. Sie überlegen, was sie jetzt unternehmen könnten. So beschließen sie, mit ihren Fahrrädern auf die Straße zu gehen. Denn heute laufen einige als Nikolaus verkleidete Leute mit einem großen Sack herum, um Kinder zu beschenken.
Nach nur wenigen Minuten kommt ihnen auch schon ein Nikolaus entgegen und fragt sie, ob sie denn auch artig gewesen sind. Sie bejahen dies sofort und bekommen darauf einen kleinen Nikolaus aus Schokolade. Sie bedanken sich und fahren weiter. Nach wenigen Minuten sehen sie einen weiteren Nikolaus auf sie zukommen. Plötzlich kommt ein weißer Lieferwagen um die Ecke und fährt langsam an ihnen vorbei. Der Nikolaus sieht sich auffällig um und steigt dann mit seinem großen Sack in den Lieferwagen ein. Das kommt den vier Kindern komisch vor. Die Aufschrift auf dem Lieferwagen können sie leider nicht lesen. Zu dumm!
Jule ruft den anderen zu: „Los, den verfolgen wir!"

Alle treten in die Pedale und fahren dem Lieferwagen nach. Die Kinder müssen ganz schön strampeln, um ihn nicht aus den Augen zu verlieren. Der Lieferwagen fährt schließlich einen Feldweg entlang und hält vor einem alten Haus mit großer Halle daneben. Die vier Kinder kommen völlig außer Puste dort an, verstecken sich hinter

einem großen Baum und beobachten, was da vor sich geht. Zwei Männer steigen aus, mittlerweile ohne Nikolauskostüm, und gehen ins Haus. Einer schaut sich vorher nach links und nach rechts um.
„Und jetzt?" fragt Max.
Jule schlägt vor: „Wir schleichen uns näher ran, vielleicht können wir einen Blick auf den Lieferwagen werfen und die Aufschrift lesen!".

Sie lassen ihre Fahrräder an der Eiche stehen und laufen langsam in geduckter Haltung auf das Haus zu. Als sie an der Halle sind, blicken sie hinein. Da stehen viele Sachen herum, Werkzeuge, zwei Autos, Kisten, eine Werkbank – und der weiße Lieferwagen. Sie schleichen sich näher heran und sind schon ziemlich weit in der Halle, da flüstert Luisa: „Huch, da ist jemand!". Da steht eine Person mit dem Rücken zu ihnen. Hat diese dunkle Gestalt etwas mit dem Fall zu tun? Sie pirschen sich etwas näher heran, um etwas sehen zu können. Plötzlich streift Maik ein Gefäß, das scheppernd zu Boden fällt. Die Gestalt wendet den Kopf blitzschnell in ihre Richtung. Sie sind entdeckt! Nichts wie weg! Sie laufen los, schnell, noch schneller, und noch schneller ...

Wer steigt besonders auffällig in einen Lieferwagen?

☐ ein Mann im Nikolauskostüm
☐ eins der Kinder
☐ Oma

Such dir eine der drei Aktionen aus!

Nikolaus-Suchbild

Ein Detektiv muss gut beobachten können und ganz genau hinschauen, damit er nichts übersieht. Nun darfst du testen, wie dein Beobachtungssinn geschärft ist.
Auf dem Bild sind ganz viele Nikoläuse versteckt. Kannst du sie alle finden? Wie viele sind es? Kreise sie mit einem (bunten) Stift ein.

Nikolaus-Basteln

Die vier Kinder bekommen sicher auch Schoko-Nikoläuse geschenkt, weil ja Nikolaustag ist. Deshalb dürft ihr heute einen Nikolaus basteln. Die Anleitung dazu findet ihr im Downloadbereich.

Schokoladen-Spiel

Die vier Kinder hatten heute viele Leckereien in ihren Stiefeln, da war sicher auch Schokolade dabei. Ihr bekommt jetzt auch Schokolade, müsst aber erst einmal an sie herankommen, bevor ihr sie essen dürft. Ein großer Schokoladen-Nikolaus wird vorab in einige Lagen Zeitungspapier eingewickelt. Da Weihnachten vor der Tür steht, wird das Paket abschließend mit einem schönen Weihnachtsgeschenkpapier eingepackt. Anschließend wird ihr eine dünne Paketschnur um das Paket geknotet.

Ein Kind fängt an und würfelt. Es darf dreimal würfeln. Wenn es eine Zahl zwischen eins und fünf würfelt, passiert nichts. Wenn es aber eine Sechs würfelt, darf das Kind die Handschuhe, die Mütze und den Schal anziehen und Messer und Gabel in die Hand nehmen und dann versuchen, die Paketschnur aufzutrennen. Währenddessen würfelt das nächste Kind weiter. Sobald das nächste Kind eine Sechs würfelt, muss das Kind, das gerade noch versucht, die Schokolade von ihrer Verpackung zu befreien, die Handschuhe, die Mütze und den Schal ausziehen und an das Kind weitergeben, das zuletzt die Sechs gewürfelt hat. Dieses Kind darf das Paket weiter auspacken. Das geht so lange, bis die Schokolade zum Vorschein kommt. Wer es zuerst schafft, die Packung zu öffnen, darf ein kleines Stück essen. Man darf erst das nächste Stück Schokolade nehmen, wenn der Mund leer ist. Das Spiel endet, wenn die ganze Schokolade aufgegessen ist.

7. Dezember

Die vier Kinder laufen so schnell sie können zur Eiche, schnappen ihre Fahrräder und fahren ins Dorf zurück. Sie sind völlig außer Puste, als sie in ihrer Scheune ankommen.
„Puh, das war echt knapp!", meldet sich Luisa keuchend zu Wort.
Aber Jule ist zufrieden und fasst zusammen: „Also was wissen wir jetzt? Wir haben einen Lieferwagen verfolgt, wissen, wohin er gefahren ist und dass sich ein Mann seltsam verhalten hat. Schade, dass wir die Aufschrift des Lieferwagens nicht lesen konnten."
Doch sie können heute nicht mehr weiterermitteln, denn inzwischen ist es dunkel geworden und die Kinder müssen schleunigst nach Hause gehen.

Am nächsten Tag treffen sie sich nachmittags in ihrer Scheune. Da fängt Jule an, auf einem großen Blatt alles zusammenzufassen, was sie bisher herausgefunden haben. Viel ist es ja noch nicht. Das mit dem Lieferwagen war zwar eine heiße Spur, aber da sind sie bisher nicht weitergekommen.
„Und was machen wir jetzt?", fragt Max.
Nach einer Denkpause meldet sich Jule zu Wort: „Mir ist gerade eingefallen, dass wir gestern in der Nähe von diesem Haus eine Schafherde gesehen haben. Vielleicht weiß ja der Schäfer etwas über den Lieferwagen? Kommt ihr mit zum Schäfer?"
„Ich weiß nicht", gibt Luisa zu bedenken. „Und wenn uns die Männer mit dem Lieferwagen sehen? Die wissen doch jetzt, dass wir sie beobachtet haben."
Maik schlägt vor: „Wir könnten uns von der anderen Richtung der Schafherde nähern, dann sehen sie uns vom Haus aus nicht."
„Gute Idee!", sagt Jule.

Die vier Kinder machen sich zusammen auf den Weg. Sie fahren diesmal mit ihren Fahrrädern von der anderen Seite zum Feldweg und zur Wiese. Und tatsächlich sehen sie bald die grasenden Schafe. Der Hund des Schäfers springt auf sie zu, doch der Schäfer ruft den Hund zurück und kommt selbst auf die Kinder zu. „Hallo zusammen! Was macht ihr denn so weit draußen?"

Sie begrüßen den Schäfer, den sie Uli nennen dürfen und erzählen ihre ganze Geschichte. „Na da reimt ihr euch sicher etwas zusammen. Bloß weil jemand einen Lieferwagen fährt und außerhalb des Dorfes eine Halle hat, macht ihn das noch lang nicht verdächtig!"
Die Kinder erzählen ihm, dass sich einer der Männer auffällig verhalten hat. Jule fragt nach: „Ist ihnen nichts Verdächtiges aufgefallen? Sie sind doch mit Ihrer Schafherde nicht weit weg von dem Haus."
„Aber ich sage euch doch, der Mann mit dem Lieferwagen fährt immer wieder hin und her, lädt was ein und wieder aus. Da ist nichts Auffälliges dabei. Dass die Weihnachtskrippe weg ist, das tut mir leid. Ich denke aber nicht, dass der Lieferwagenfahrer damit zu tun hat. So, und nun fahrt ihr besser nach Hause, bevor es dunkel wird, sonst seht ihr doch nichts mehr."

Die vier Kinder fahren kurz zur Scheune und tragen zusammen: Dieser Mittag hat sie kein Stück weitergebracht. Sie müssen sich morgen etwas anderes ausdenken. Aber was ist der nächste Schritt? Nachdenklich fahren sie nach Hause.

? Hilft die Antwort des Schäfers den Kindern weiter?

- ☐ nein, kein bisschen
- ☐ ja
- ☐ ein wenig

Such dir eine der drei Aktionen aus!

Fehler-Suchbild

Als Detektiv ist es wichtig, genau zu beobachten. So ist Jule aufgefallen, dass in der Nähe vom Haus eine Schafweide ist. Nur genaue Beobachtung bringt dich weiter. Heute kannst du diese Beobachtungsgabe testen. Du siehst unten zwei Bilder, die auf den ersten Blick genau gleich sind. Allerdings sind im linken Bild zehn Dinge anders als im rechten Bild. Findest du diese zehn Unterschiede? Kreise sie ein.

Lücken-Rätsel

In der Geschichte treffen die vier Kinder den Schäfer Uli. In der Bibel gibt es verschiedene Textstellen, in denen es ebenfalls um Schafe und deren Hirte geht, z. B. in Psalm 23. Das ist ein ganz bekannter Psalm, den viele Menschen kennen. Psalmen sind Gebete, die aufgeschrieben wurden. In Psalm 23 wird beschrieben, dass Gott der gute Hirte für die Schafe ist. Die Schafe sind wir Menschen. Ihr seht den Psalm auf der nächsten Seite aufgeführt, allerdings fehlen ein paar Aussagen. Könnt ihr die Lücken füllen? Wenn ihr euch unsicher seid, benutzt eine Bibel als Hilfestellung.

PSALM 23

Der Herr ist mein ______,
mir wird ______ mangeln.
Er ______ mich auf einer ______ Aue
und ______ mich zum frischen ______.
Er ______ meine Seele.
Er führet mich auf rechter ______
um seines ______ willen.
Und ob ich schon ______ im finstern ______,
______ ich kein Unglück;
denn du bist bei ______,
dein ______ und Stab ______ mich.
Du bereitest vor mir einen ______
im ______ meiner Feinde.
Du ______ mein Haupt mit ______
und ______ mir voll ein.
______ und ______
werden mir folgen mein ______ lang,
und ich werde bleiben im ______ des Herrn immerdar.

PSALM 23, 1-6 (LU)

Schäfer-Spiel

In der heutigen Geschichte geht es um den Schäfer Uli und seine Herde. Heute dürft ihr deshalb ein Spiel spielen, bei dem es auch um Schafe geht. Bei diesem Spiel müsst ihr euch gut absprechen und dann ohne zu reden zum Ziel gelangen. Auch dies ist für Detektivarbeit wichtig!

Am besten spielt ihr das Spiel auf einer großen Wiese oder in einem großen Raum. Die Spielleitung legt einen Schäfer fest. Die restlichen Kinder aus der Gruppe (am besten 10 bis 20 Kinder) sind die Schafe. Die Kinder müssen gemeinsam überlegen, wie der Schäfer es schaffen kann, die blinden Schafe ohne zu sprechen in einen abgesteckten Bereich (den Stall) zu lenken. Das Schwierige daran: Die Schafe bekommen eine Augenbinde und können nichts sehen.

8. Dezember

Am nächsten Tag unterhalten sich Luisa und Maik darüber, was sie den Eltern zu Weihnachten schenken könnten. Während sie so grübeln, fragt Luisa ihren Bruder: „Du, was ist, wenn die Weihnachtskrippe nicht auftaucht?"
Maik antwortet ihr: „Das wäre schon sehr schade. Sie war bei jedem Weihnachtsanspiel dabei. Und darin hat Maria das Jesuskind gelegt. Wohin soll sie es dann legen? Und um das Jesuskind geht es ja an Weihnachten, es ist ja die Hauptperson!"
„Ja, das stimmt", antwortet Luisa, „wir müssen alles dafür tun, dass diese wunderschöne Weihnachtskrippe wieder auftaucht!"
Sie machen sich auf den Weg zu den anderen. Doch als sie die Treppe hinuntergehen, steht im Hausflur der Schornsteinfeger in voller Montur. Er ist schwarz angezogen und trägt er eine schwarze Kappe. Der Schornsteinfeger unterhält sich gerade mit Sabine Müller. Doch als die Kinder neben der Mutter stehen, schaut er sie eindringlich an. Maik fragt sich, warum der Mann sie so genau mustert. Aber dann geht der Schornsteinfeger auf den Dachboden, um den Kamin zu säubern, und Luisa und Maik machen sich auf den Weg zur Scheune, um die anderen Kinder zu treffen.

In der Scheune warten Jule und Max schon auf sie. „Wird aber auch Zeit!", mault Jule.
„Ach, in der Zeit habe ich schon mehr Süßigkeiten essen können", triumphiert Max. „Also ich habe was Wichtiges erfahren!", sagt Maik.
„Na, dann raus damit", ermutigt ihn Max.
Maik beginnt: „Als ich gestern von der Schule nach Hause gelaufen bin, da bin ich bei Oma Wegst vorbei gegangen."
„Warum hast du das gemacht?", will Jule wissen.

„Ich schaue jetzt jede Woche bei ihr vorbei und helfe ihr beim Einkaufen. Und stellt euch vor, was sie mir dann noch erzählt hat!"
„Na, mach es nicht so spannend", sagt Jule genervt.
„Sie hat zu mir gesagt, dass ihr noch was zu dem Lieferwagen eingefallen ist. Und zwar ist sie beim Nachdenken draufgekommen, dass einer der Männer hinkt."
Plötzlich fällt Luisa ein, dass auch der Schornsteinfeger ein bisschen gehinkt hat. Oder hat sie sich getäuscht? Jedenfalls erzählt sie ihre Beobachtung den anderen.
„Das ist ja interessant", staunt Max. „Könnten die beiden die gleiche Person sein? Der Lieferwagenfahrer und der Schornsteinfeger?"

Die vier Kinder überlegen, wie sie das überprüfen könnten, und kommen auf eine Idee: Luisa und Max werden den Schornsteinfeger suchen, der gerade im Dorf in die Häuser geht. Wenn sie ihn gefunden haben, werden sie ihn beobachten, ob er sich auffällig verhält. Maik und Jule fahren nochmals den Feldweg entlang zum Haus und der Halle. Wenn sie den Mann mit dem Lieferwagen finden, werden sie prüfen, ob er auch hinkt.

? Wen verdächtigen die Kinder nun?

- ☐ Oma Wegst
- ☐ den Schornsteinfeger
- ☐ sich gegenseitig

Such dir eine der drei Aktionen aus!

Windlicht-Basteln

Es ist nun schon der 8. Dezember, Maik und Luisa überlegen schon, was sie ihren Eltern zu Weihnachten schenken könnten. Auch Detektive dürfen vor lauter Detektivarbeit ihre Familie nicht vergessen. Deshalb die Frage: Hast du schon eine Idee, was du deinen Eltern oder deinen Geschwistern zu Weihnachten schenken könntest? Hier eine Idee für dich: Du könntest ein Windlicht basteln. Die Anleitung dazu findest du im Downloadbereich.

Geschichten-Spiel

In der heutigen Geschichte treffen die Kinder einen Schornsteinfeger. Da er die Kamine säubert, ist er immer schwarz gekleidet und durch den Ruß ist er auch im Gesicht ein bisschen schwarz. Ob er jedoch hinkt und damit verdächtig ist, erfahrt ihr in den nächsten Tagen. Da ihr das heute noch nicht wisst, dürft ihr jetzt erst einmal eure Reaktionsfähigkeit testen. Denn Detektive müssen manchmal schnell reagieren können. Die Aufgabe geht so:
Ihr sucht euch jemanden, die/der die Geschichte vorliest. Dann teilt ihr euch in Gruppen auf. Es gibt eine Gruppe „Schwarz" und eine Gruppe „Weiß". Die Gruppenmitglieder stellen sich Rücken an Rücken mit 2 Metern Abstand voneinander auf. Jede Gruppe hat eine Sicherheitszone, die ca. 6 Meter entfernt liegt. Wenn die Geschichte vorgelesen wird und der Begriff „weiß" fällt, muss die Gruppe „Weiß" in ihre Sicherheitszone flüchten – beim Wort „schwarz" muss das die Gruppe „Schwarz" tun. Die gegnerische Gruppe versucht aber, die andere Gruppe vorher abzufangen. Punkte gibt es dann, wenn ein Kind die Sicherheitszone erreicht hat, ohne vorher abgeschlagen zu werden, oder wenn ein Kind aus der gegnerischen Gruppe das andere Kind vorher abschlägt. Wer erreicht die meisten Punkte? Eine Geschichte zum Vorlesen findet ihr im Downloadbereich.

Weihnachtsstern-Basteln

Luisa und Maik überlegen, was sie an Weihnachten verschenken können. Damit ihr eine Idee bekommt, was ihr verschenken könntet, kommt hier eine Bastelanleitung für einen Stern, den ihr falten und kleben könnt. Dieser Stern ist einfach – aber sehr schön und eignet sich gut zum Verschenken. Die Bastelanleitung findet ihr im Downloadbereich.

9. Dezember

Am nächsten Tag fragt Luisa ihre Mutter: „Du, gestern war doch der Schornsteinfeger bei uns. Sag mal, hinkt er?"
Sabine Müller überlegt kurz und antwortet: „Das ist mir nicht aufgefallen. Warum willst du das wissen?"
„Ach, nur so", gibt Luisa zurück.

Luisa hat sich mit Max in der Scheune verabredet. Von dort laufen sie durch den Ort und halten Ausschau nach dem Schornsteinfeger. Max erzählt Luisa von einer Idee: „Wir könnten doch eine Art Fahndungsfoto von der Krippe an ganz verschiedenen Stellen im Ort aufhängen".
Luisa ist begeistert: „Au ja, das ist super! Ich frage gleich nachher meine Eltern, ob sie ein gutes Foto haben!"
Sie laufen durch die Straßen, aber es dauert lang, bis sie endlich den Schornsteinfeger von Weitem sehen. Sie laufen auf ihn zu, doch er verschwindet gerade in einem Haus. „Ist dir aufgefallen, ob er hinkt?", fragt Max.
Doch Luisa verneint: „Nein, er ist doch ganz normal gelaufen."
„Tja, dann ist er wohl nicht der Mann, der den Lieferwagen gefahren hat", bemerkt Max.

Zur gleichen Zeit fahren Jule und Maik mit den Fahrrädern zu dem Haus mit der Halle. Sie verstecken sich wieder hinter der großen Eiche und warten ab, was passiert. Es ist alles ruhig, die Halle ist zu und vom Lieferwagen keine Spur. Sie sehen in der Ferne den Schäfer Uli mit seinen Schafen.
„Ich mag Schafe", meint Jule. „Sie haben so ein weiches Fell."

„Mir gefallen Schafe auch. Weißt du eigentlich, dass es in der Bibel auch Geschichten von Schafen und einem Hirten gibt?", fragt Maik.

„Ach, ich lese nicht in der Bibel. Das interessiert mich nicht so sehr. Die Geschichten sind doch langweilig", bemerkt Jule.

Doch Maik lässt das nicht stehen: „Hey, in der Bibel gibt es tolle Geschichten Zum Beispiel das mit den Schafen. Das haben wir mal im Treffpunkt für Kids gehört. Da wird Jesus mit einem Hirten verglichen, der nach den Schafen schaut. Er handelt so, dass es ihnen immer gut geht."

„Heißt das etwa, dass ich ein Schaf bin?", regt sich Jule auf.

„Na, irgendwie schon", neckt Maik Jule. Doch dann wird er wieder ernst: „Jesus wird als der gute Hirte beschrieben, der für die Schafe sorgt. Er führt sie zu guten Weideplätzen, er beschützt sie vor wilden Tieren und sucht auch einzelne Schafe, wenn sie weglaufen."

Jule überlegt: „Aber ich muss doch nicht vor wilden Tieren beschützt werden."

Maik erwidert: „Ich kann das nicht so gut erklären. Komm doch mal mit in Treffpunkt für Kids, die Leiterin Mareike erzählt uns so schöne Geschichten. Und sie erklärt uns, was die Geschichten bedeuten."

Bevor Jule antworten kann, hören sie Motorgeräusche – und richtig, da kommt der Lieferwagen mit hohem Tempo angerauscht. Jule und Maik ducken sich, damit man sie vom Feldweg aus nicht sehen kann.

Ist der Schornsteinfeger nun immer noch verdächtig?

- ☐ Ja.
- ☐ Nein.
- ☐ Er war nie verdächtig.

Such dir eine der drei Aktionen aus!

Schaf-Quiz

Jule und Maik sehen von ihrem Versteck aus die Schafe von Schäfer Uli. Wenn du dein detektivisches Geschick trainieren möchtest, ist es hilfreich, wenn du auch einmal etwas abschätzen oder recherchieren kannst. Man kann als Detektiv schließlich nicht alles wissen. Aber du kannst doch mal versuchen zu schätzen oder nachzuschlagen und so die Fragen über Schafe zu lösen.

Fragen über Schafe:
1. Wieviel Kilogramm Wolle bekommt man ca. im Jahr, wenn man ein Schaf schert? **2.** Wie alt wird ein Schaf? **3.** Was frisst ein Schaf? **4.** Woran sieht man den Unterschied zwischen einem Schaf und einer Ziege? **5.** Wie nennt man junge Schafe? **6.** Wie nennt man ein Schaf-Männchen auch? **7.** Wie nennt man den Hund des Hirten?

Schäfer-Quiz

In der heutigen Geschichte sehen Jule und Maik die Schafherde von Schäfer Uli. Dabei kommen sie ins Gespräch über die Bibel. Im Treffpunkt für Kids hat Maik schon viel über biblische Geschichten gehört, Jule eher noch wenig. Detektive sollten sich auch in biblischen Geschichten auskennen, denn das erweitert den eigenen Horizont. Und die Bibel ist ein wertvoller Kompass für unser Leben. Das versucht Maik Jule zu vermitteln.
Nun seid ihr dran und ihr dürft versuchen die folgenden Fragen zu beantworten. Überlegt zusammen:

1. Was sind die Aufgaben eines Schäfers? Macht euch im Internet schlau. **2.** Welche Eigenschaften des Schäfers sind auf Gott übertragbar? **3.** Wenn im Psalm 23 steht, dass Gott mein guter Hirte ist, was bedeutet das für mein Leben? Lest ggf. nach, was in Psalm 23 steht. **4.** Wenn ihr mögt, könnt ihr ein Bild mit dem Hirten und einer Schafherde malen.

Psalm-Entdecker

Für Luisa und Maik sind die biblischen Geschichten sehr wichtig, sie haben im Treffpunkt für Kids schon viel darüber gehört. Maik will Jule zeigen, dass Gott unser Hirte ist. Aber er kann es nicht so gut erklären. Versucht es als Gruppe selbst.
Lest Psalm 23 gemeinsam und sprecht dann über folgende Fragen:

1. Was wird in diesem Psalm über den Hirten ausgesagt? Schreibt es auf ein Plakat. **2.** Wie können wir heute diesen Hirten in unserem Leben entdecken? Was meint ihr? Ihr könnt auch einmal eure Mitarbeitenden fragen, wie sie den Hirten erleben.

10. Dezember

Jule und Maik schauen von ihrem Versteck aus zum Haus hinüber. Der Lieferwagen hält vor der Halle und die zwei Männer steigen aus. Und tatsächlich, einer der Männer zieht sein rechtes Bein etwas nach und hinkt. Jule sagt ganz aufgeregt: „Da, der Mann hinkt, das muss der gleiche Mann sein, den Oma Wegst gesehen hat!"
Maïk bestätigt das: „Ja, jetzt haben wir den Beweis." Die Männer laufen mit schweren Kisten hin und her. „Kannst du erkennen, was auf dem Transporter steht?", flüstert Maik.
„Nein, leider nicht. Dazu müssten wir näher hingehen, aber dann bemerken uns die Männer."
Sie beschließen, zurück zur Scheune zu gehen, denn sie wissen jetzt, dass einer der Männer hinkt.

Als sie in der Scheune ankommen, warten Luisa und Max schon auf sie. Alle vier erzählen, was sie herausgefunden haben. Die Idee, Fotos von der Weihnachtskrippe an zentralen Stellen im Ort aufzuhängen, finden alle gut. Unter den Fotos soll darauf hingewiesen werden, dass die Krippe vermisst wird, und wer Hinweise geben kann, soll sich im Pfarramt melden. Luisa will gleich heute Abend ihre Eltern nach einem Foto fragen.
Maik überlegt laut: „Wie erfahren wir denn, ob es Hinweise gibt?"
Max erwidert: „Wir können ja immer mal wieder im Pfarramt nachfragen, ob es was Neues gibt."
„So machen wir es", bestimmt Jule.

Beim Abendessen der Müllers fragt Luisa ihre Eltern nach einem Foto von der Krippe. Reinhard Müller meint, dass sie sicher einige Fotos hätten, und er verspricht, gleich nach dem Abendessen danach zu suchen. Auf die Frage, warum Luisa das denn möchte, antwortet sie ausweichend. Sie erklärt, dass sie eine Erinnerung an die Krippe haben möchte.

Dann erzählt Herr Müller, dass schon wieder in einem Schrebergarten eingebrochen wurde. Das sei nun schon der sechste Einbruch. Und es fehlt jede Spur von den Tätern. Da fragt Maik seinen Vater, ob er auch schon von dem gestohlenen Bild gehört hat. Doch Herr Müller verneint. Und dann erklärt Maik, warum er von dem Bild weiß. „Das wird ja immer schöner", denkt sich Herr Müller. Er will bald mit Pfarrer Huber darüber reden. Herr Müller kann sich noch an den Zeitungsartikel erinnern, in dem von dem wertvollen Bild berichtet wurde. Maik und Luisa wundern sich, dass der Pfarrer bisher noch keine Anzeige bei der Polizei gemacht hat, schließlich ist das Bild doch wertvoll. Sie beschließen, morgen die anderen darüber zu informieren. Mit diesen Gedanken schlafen sie bald ein.

? Wie viele Einbrüche hat es in Schreibergärten gegeben?

- ☐ zwei
- ☐ vier
- ☐ sechs

Such dir eine der drei Aktionen aus!

Krippen-Bild

Um als Detektiv zu arbeiten, braucht man oft eine blühende Fantasie. Das führt dann oft zum nächsten Lösungsschritt des Rätsels. Deine Fantasie sollst du nun auch einsetzen: Male ein Bild von der verschwundenen Krippe. Wie könnte sie wohl ausgesehen haben? Vielleicht war sie aus dickem Holz? War Stroh darin? Wie groß war sie wohl? Lag sonst noch etwas in der Krippe? Versuche, dir die Krippe vorzustellen und male sie. Es muss auch nicht perfekt sein, hier geht es einzig und allein um deine Vorstellungskraft.

Krippen-Basteln

Jetzt kannst du den Fall einmal ruhen lassen und dich stattdessen auf Weihnachten konzentrieren. Manchmal ist es für Detektive gut, wenn sie eine Denkpause einlegen, dann kann sich das Gehirn erholen und mit Abstand an einem anderen Tag sieht man plötzlich eine neue Spur.

Da es auf Weihnachten zugeht, könnt ihr euch jetzt kreativ betätigen und eine Krippe aus Steinen und anderen Naturmaterialien basteln. Eine Anleitung dazu findet ihr im Downloadbereich.

Fotostory-Aktion

Heute machen wir eine kurze Ratepause, denn auch der klügste Detektiv braucht mal eine Denkpause, damit sich das Gehirn erholen kann. Nach einer gewissen Zeit seht ihr vielleicht klarer und könnt besser raten.

Hier eine Aktion, die euch viel Spaß machen wird. Erstellt eine Fotostory zu einem Thema eurer Wahl. Entweder ihr erfindet eine Geschichte oder ihr macht eine Fotostory zur Adventszeit oder ihr versucht den Kinder-Krimi nachzustellen und abzufotografieren. Dazu braucht ihr einfach viel Fantasie, ein gutes Handy und Leute, die sich fotografieren lassen.

Aber Achtung: Dazu braucht ihr vorher eine Einverständniserklärung der Sorgeberechtigten, indem ihr vorher schriftlich erklärt, was ihr vorhabt mit den Bildern und wie sie veröffentlicht werden. Nur wer diese Einverständniserklärung der Sorgeberechtigten hat, darf fotografiert werden. Einen Entwurf dafür findet ihr im Downloadbereich. Viel Spaß mit der Fotostory.

11. Dezember

Am Nachmittag des nächsten Tages fahren die Kinder mit dem Bus in den nächsten Ort und gehen in den Drogeriemarkt. Dort drucken sie das Bild von der Krippe einige Male an dem Automaten aus und bezahlen es aus ihrer Clubkasse. Sie überlegen sich einen Text, der unter den Fotos stehen soll. Danach fahren sie wieder in ihren Ort zurück und bei Jules Eltern drucken sie den Text aus. Anschließend machen sie sich mit ihren Fahrrädern auf den Weg, um die Bilder im Ort aufzuhängen. Damit sie nicht so lang fahren müssen, teilen sie sich auf Alle haben ein paar Bilder und fahren in verschiedene Richtungen davon. An markanten Plätzen hängen sie ein Bild mit dem Text auf.

Nach einer Stunde treffen sie sich wieder in ihrer Scheune. Doch als sie dort eintreffen und die Türe zur Scheune öffnen, erleben sie eine böse Überraschung. Dort liegt auf dem Tisch ein großer Zettel mit handgeschriebener Schrift: **„Dies ist eine Warnung! Hört mit der Schnüflerei auf, sonst pasiert was! Und sagt nimanden was Dafon! Sonst wird es für euch ungemüdlich!"**

Die Kinder schauen sich an. Was soll das denn heißen? Wer ist in ihre Scheune eingedrungen und hat diesen Zettel geschrieben? Werden sie etwa beobachtet?
Luisa meldet sich ängstlich: „Sollen wir die Bilder von der Krippe gleich wieder abhängen?"
Aber ihr Bruder Maik meint: „Jetzt wird es doch erst interessant. Wir haben durch unsere Recherche offensichtlich genau ins Schwarze getroffen."

Auch Jule ist Feuer und Flamme: „Ja, genau, wir sind auf einer heißen Spur, sonst hätte niemand diesen Zettel hinterlassen."
Max schlägt vor: „Wir sollten unsere Scheune in Zukunft richtig abschließen und uns ein Schloss besorgen."
Luisa findet die Idee super. Dann fragt sie: „Fällt euch an der Nachricht etwas auf?"
Maik antwortet sofort: „Ja, da sind so viele Schreibfehler enthalten. Wer auch immer diesen Satz geschrieben hat, hat Probleme mit der Rechtschreibung!"
Jule unterstreicht das: „Was sagt uns das über die Person? Hm ... Also entweder macht sie das absichtlich oder die Person hat keine gute Schulbildung genossen. Was meint ihr dazu?"

Sie grübeln eine Weile, ob ihnen Personen einfallen, auf die das zutrifft. Aber spontan fällt ihnen niemand ein. Warum will jemand verhindern, dass die Weihnachtskrippe gesucht wird? Wer fühlt sich von ihnen in die Enge getrieben und wer hat diese Warnung hingelegt? Sie schreiben auf ein großes Blatt alle Namen der Personen, die sie schon gefragt haben. Dahinter notieren sie, was sie bisher erfahren haben. Wie sollen sie weitermachen? Sie verabreden sich für den nächsten Tag wieder in der Scheune und wollen daheim nach einem Schloss suchen, um besser abschließen zu können.

? Was ist besonders an der Nachricht, die die Kinder finden?

- ☐ Sie hat schlechte Rechtschreibung.
- ☐ Sie ist auf Französisch geschrieben.
- ☐ Die Nachricht wurde mit Kreide geschrieben.

Such dir eine der drei Aktionen aus!

Buchstaben-Rätsel

In der Scheune lag ein Blatt mit einer Botschaft, auf der lauter Fehlern sind. Ein Detektiv muss auch mit Buchstaben gut umgehen können, um ein Rätsel zu lösen. Diese Fähigkeit darfst du nun üben und dazu ein Buchstaben-Rätsel entschlüsseln. Die Aufgabe kannst du lösen, wenn du Folgendes beachtest: Verbinde die Buchstaben (nicht diagonal) zu Namenswörtern und schreibe jedes Wort auf die Linie darunter. Die Anfangsbuchstaben sind rot markiert. Kommst du auf die richtige Lösung? Probiere es.

T I R E	U M A S	U M T R
H D N U	I K A M	E B I D
E I K R P P	A H F C S E	D E A N T V
F N U M F I	Z R N E E T A L	R I E H T

Kakao-Küche

Die Arbeit von Detektiven ist manchmal richtig anstrengend, denn das Gehirn muss viel arbeiten. Zur Stärkung brauchen die Detektive deshalb zwischendrin etwas Gutes, wie zum Beispiel eine Tasse heißen Kakao. Die dürft ihr euch jetzt auch gönnen. Holt die Zutaten und macht euch ein leckeres Getränk.

Die Schokolade sehr fein hacken. Das feine Hacken ist wichtig, damit sie sich unter der warmen Sahne-Milch-Mixtur später schmelzen lässt. Dann Milch, Sahne und Puderzucker in einem Topf mischen. Dann bei mittlerer Hitze erwärmen, jedoch nicht zum Kochen bringen. Wenn sich am Rand Bläschen bilden und es langsam ein bisschen dampft, den Topf vom Herd nehmen. Nun die Schokolade dazugeben und mithilfe eines Holzlöffels langsam verrühren, bis sich die Schokolade aufgelöst hat. Die heiße Schokolade in zwei Tassen füllen, leicht aufgeschlagene Sahne darüber geben und mit Kakaopulver garnieren.

Buchstaben-Salat

Detektive müssen manchmal richtig viel arbeiten, um der Lösung ein Stück näherzukommen. Dazu gehört es auch, dass knifflige Rätsel entschlüsselt werden müssen. Ihr dürft nun ausprobieren, ob ihr den verschlüsselten Bibelvers gemeinsam entschlüsseln könnt. Was könnten das für Wörter sein, die in die Kästchen geschrieben werden sollen? Wenn ihr Hilfe braucht, dann könnt ihr eine Lutherbibel zur Hand nehmen und Johannes 8,12 aufschlagen. Aber probiert es doch erst einmal ohne Bibel. Gemeinsam schafft ihr das!

USJSE	
TSGA	
HCI	
NIB	
SAD	
THLCI	
RDE	
LTWE	

12. Dezember

Beim gemeinsamen Frühstück bringt Sabine Müller das Gespräch gleich auf die Fotoaktion. „Sagt mal, als ich heute Morgen zum Bäcker gelaufen bin, da habe ich gesehen, dass neben der Türe ein Bild der Weihnachtskrippe hängt. Darauf ist ein Hinweis, dass man sich im Pfarramt melden soll, wenn man etwas über die Krippe weiß. Das ist doch das gleiche Bild, das Papa euch gegeben hat. Habt ihr etwa die Bilder aufgehängt?" Luisa und Maik schauen sich an und nicken. „Wie kommt ihr dazu, so eine Aktion zu machen? Hängen etwa noch mehr Bilder im Ort?" Beide Kinder nicken. Sie erzählen abwechselnd, warum sie das gemacht haben und wie wichtig es ihnen ist, dass an Weihnachten genau diese Weihnachtskrippe wieder da ist.
Ihr Vater schaut sie streng an: „Also hört mal zu. Erstens ist es nicht eure Aufgabe, nach der Krippe zu suchen. Zweitens muss so etwas auf jeden Fall mit dem Pfarrer abgesprochen werden und drittens kann ich mich auch mal umhören. Ich bin schließlich Polizist und bekomme viel mit. Verstanden?" Die Kinder nicken betroffen und bekommen von den Eltern die Anweisung, die Bilder noch heute wieder abzuhängen.

Als sie auf dem Weg in ihre Scheune sind, sehen sie wieder einen weißen Lieferwagen, der in eine Straße vor ihnen abbiegt. Maik gibt mit seinem Fahrrad Gas und ruft seiner Schwester zu: „Auf, Luisa, den verfolgen wir!" Doch Luisa ist nicht so sportlich wie ihr Bruder und kommt kaum hinterher. Maik fährt so schnell er kann und bleibt am Lieferwagen dran. Nach einigen Minuten hält der Lieferwagen in der Blumenstraße an. Maik sieht sich nach seiner Schwester um, die aber nirgends zu sehen ist. Er duckt sich hinter einer Hecke und beobachtet, dass vier Männer aussteigen, aber er ist enttäuscht. Die sehen ganz anders aus, als die Männer, die sie letztes Mal verfolgt haben. Als die Männer in ein Haus gehen, wagt sich Maik näher an das Fahrzeug heran und kann die Aufschrift lesen: „Umzüge Walther – Wir ziehen mit Ihnen um!" Nein, das sind nicht die Männer, die sie suchen.

Maik dreht mit seinem Fahrrad wieder um und sieht seine Schwester mit dem Fahrrad auf ihn zukommen. „Du kannst gleich wieder umkehren", ruft er Luisa zu. Er erzählt ihr, was er gesehen hat. Sie fahren in ihre Scheune und Maik berichtet von seinen Beobachtungen. Ihre Enttäuschung ist groß. Immerhin hat Max ein Schloss von zu Hause mit dabei, sodass sie ihre Scheune nun abschließen können.

Luisa erzählt, dass ihre Eltern ihnen verboten haben, weiter aktiv nach der Krippe zu suchen. Jule und Max wollen sich aber nicht davon abbringen lassen. Außer Luisa, die durch die Drohung ein bisschen eingeschüchtert ist, sind die Kinder voller Tatendrang und wollen nicht aufgeben.

Welches der Kinder hat sich durch die Drohung einschüchtern lassen und hat ein bisschen Angst?

- ☐ Luisa
- ☐ Max
- ☐ Jule

Such dir eine der drei Aktionen aus!

Buchstaben-Labyrinth

Im Treffpunkt für Kids haben Maik und Jule schon viel von Jesus gehört. Hier kannst du versuchen herauszufinden, was ihnen die Leiterin der Gruppe schon mal erklärt hat. Kannst du den Satz entziffern? Folge zunächst den Strichen und überlege dann, wie der Satz weitergehen könnte. Dann wirst du sehen, warum Jesus auf die Welt gekommen ist. Du brauchst eine Hilfestellung? Schau in der Bibel nach in Johannes 12,46.

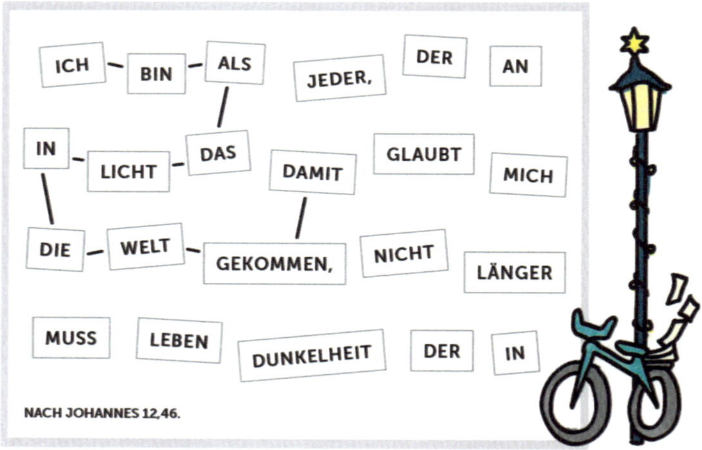

Stern-Basteln

Zur Abwechslung müsst ihr mal kein Rätsel lösen, sondern etwas basteln. Dabei stellt ihr eure Fingerfertigkeit fest. Das ist manchmal für Detektive hilfreich, denn nicht immer löst man ein Rätsel mit Denken! Die Bastelanleitung für einen Stern aus einer Klopapier-Rollen findet ihr im Downloadbereich.

Fitness-Test

Luisa ist ganz schön aus der Puste beim Fahrradfahren, ihr Bruder Maik ist jedoch sehr sportlich. Richtige Detektive müssen sich trainieren, damit sie auch eine heiße Spur verfolgen können. Deshalb ist regelmäßiges Trainieren wichtig. Deshalb dürft ihr heute u. a. eure körperliche Fitness unter Beweis stellen.

Je nach Gruppengröße werden zwei bis drei Gruppen gebildet. Die Gruppenleitung stellt verschiedene Aufgaben vor. Pro Aufgabe wählt jede Gruppe ein Kind aus, das sie erfüllen soll. Zuvor muss das Kind einschätzen, wie gut es die Aufgabe bewältigen kann. Es gibt immer vier Auswahlmöglichkeiten, für die es je nach Schwierigkeit verschiedene Punkte gibt (s. u.).

Bewertung: Erreicht oder übertrifft das Kind den Wert, der vor dem Spiel angegeben wurde, bekommt es die Punktzahl, die dafür bestimmt war. Wird der Wert nicht erreicht, gibt es keine Punkte.

Da die Aufgaben unterschiedliche Anforderungen haben, sollten die Gaben in der Gruppe zum Tragen kommen und unterschiedliche Kinder eingesetzt werden.

1. Wie lange brauchst du, um eine Bibelstelle aufzuschlagen?	
30 Sekunden	40 Punkte
25 Sekunden	60 Punkte
20 Sekunden	80 Punkte
15 Sekunden	100 Punkte

2. Wie lange kannst du 1 kg Mehl mit ausgestrecktem Arm nach oben halten?	
80 Sekunden	40 Punkte
160 Sekunden	60 Punkte
240 Sekunden	80 Punkte
400 Sekunden	100 Punkte

3. Bastle aus einem DIN-A4-Blatt einen Flieger. Wie weit kann er fliegen?	
3 Meter	40 Punkte
5 Meter	60 Punkte
7 Meter	80 Punkte
9 Meter	100 Punkte

4. Wie viele Kniebeugen schaffst du in 1 Minute?	
20 Stück	40 Punkte
35 Stück	60 Punkte
50 Stück	80 Punkte
70 Stück	100 Punkte

5. Aus der Doppelseite einer Zeitung musst du eine Papierschlange reißen. Wie lang wird deine Schlange sein?	
0,5 Meter	40 Punkte
1 Meter	60 Punkte
2 Meter	80 Punkte
2,5 Meter	100 Punkte

6. Wie viele Streichhölzer kannst du innerhalb einer Minute auf einen Flaschenhals stapeln?	
10 Stück	40 Punkte
15 Stück	60 Punkte
20 Stück	80 Punkte
25 Stück	100 Punkte

13. Dezember

Heute ist der dritte Advent. Familie Müller fährt wie immer zum Gottesdienst. Maik hat Jule dazu eingeladen und sie kommt mit. Vieles im Gottesdienst ist ihr neu, da ihre Familie nur an Weihnachten in die Kirchen geht. Als die Kinder in den Treffpunkt für Kids gehen, findet sie es sehr aufregend, so viele neue Kinder kennenzulernen.
Mareike, die Gruppenleiterin, erzählt den Kindern vom Engel Gabriel, der zu der jungen Maria geschickt wird. Der Engel sagt ihr, dass sie ein Kind bekommen wird. Das Kind soll sie Jesus nennen, denn er ist der Sohn Gottes und kommt auf die Welt, um uns Menschen zu retten. „Gott hat uns seinen Sohn geschenkt, weil er uns Menschen so liebhat. An Weihnachten können wir diese Liebe Gottes spüren und erleben".
Für Jule sind das neue Gedanken. Sie weiß schon, dass an Weihnachten die Weihnachtsgeschichte gelesen wird, aber dass das mit Gottes Liebe zu den Menschen zu tun hat, das ist ihr neu.

Nach dem Mittagessen treffen sich die Kinder wieder. Max fragt bei Maik und Luisa nach: „Hat euer Vater inzwischen bei Pfarrer Huber nachgefragt, warum er keine Anzeige wegen des gestohlenen Bilds gemacht hat?"
Maik antwortet: „Mein Vater hat heute nach dem Gottesdienst kurz mit ihm geredet und stellt euch vor, er hat noch gar nichts von dem gestohlenen Bild gewusst! Das ist doch komisch, oder? Warum hat Frau Schmidt ihm nichts davon erzählt?"
„Das finde ich allerdings auch seltsam", mischt sich jetzt Jule ein. „Sie hätte es ihm doch sofort erzählen müssen!"
Max fragt weiter: „Und was ist nach dem Gespräch zwischen eurem Vater und dem Pfarrer herausgekommen?"

Luisa und Maik berichten davon, dass Herr Müller morgen ins Pfarrhaus gehen will, um eine Anzeige aufzunehmen.
„Inzwischen sind aber ein paar Tage vergangen, seitdem es Frau Schmidt bemerkt hat. Da können die Diebe ja schon weit gekommen sein", überlegt Jule. Sie schlägt vor: „Ihr könnt doch euren Vater immer mal wieder fragen, ob sich was getan hat mit dem Bild. Vielleicht erfahren wir dann auch, ob Hinweise zur Krippe eingegangen sind."
Maik und Luisa schauen verschämt zu Boden: „Wir mussten die Bilder mit der Krippe doch wieder abhängen, unsere Eltern haben uns darum gebeten."
Max empört sich: „Das ist doch blöd. Dann hätten wir uns die ganze Sache sparen können. Jetzt haben wir umsonst Geld ausgegeben, und das für nichts und wieder nichts!"
Auf den Ärger hin bedienen sich die Kinder erst einmal an der Süßigkeiten-Box, die immer mit leckeren Sachen gefüllt ist. Während sie auf ihrem Kaugummi herumkaut, denkt Luisa laut nach: „Wer hatte denn die Krippe zuletzt benutzt?"
„Na, das muss jemand von den Leuten gewesen sein, die letztes Jahr das Krippenspiel aufgeführt haben", meint Max. Und dann fällt ihnen noch ein, dass letztes Jahr auch eine Waldweihnacht gefeiert wurde, bei der die Krippe im Wald gebraucht wurde. Ob sie wohl dort vergessen worden ist? Doch das kann auch nicht sein, denn am Heiligen Abend war die Krippe wieder in der Kirche. Und hängen die beiden verschwundenen Sachen überhaupt zusammen? Die Krippe und das Bild? So viele ungelöste Fragen ...

? Warum wusste der Pfarrer nichts vom gestohlenen Bild?

- ☐ Er hat es vergessen.
- ☐ Das Bild wurde gar nicht gestohlen.
- ☐ Frau Schmidt hat es ihm gar nicht gesagt.

Such dir eine der drei Aktionen aus!

Labyrinth-Rätsel

Im Gottesdienst hat Jule zum ersten Mal gehört, dass Weihnachten etwas mit Gottes Liebe zu tun hat. Hast du auch schon davon gehört? Gott ist in Jesus Mensch geworden, das ist eine Sensation und wir können uns darüber freuen. Das ist ein ganz großes Geschenk an uns! An Weihnachten schenken wir uns aber auch gegenseitig Geschenke. Welcher Weg führt die Kinder zu ihnen? Zeichne ihn nach.

Zuhör-Übung

Jule erfährt heute von der Begegnung des Engels Gabriel mit Maria, von der in der Bibel berichtet wird. Er kündigt ihr an, dass sie schwanger werden und den Sohn Gottes zur Welt bringen wird. Maria war zu der Zeit ein junges Mädchen, vielleicht 15 oder 16 Jahre alt. Was denkt ihr, wie es Maria mit der Ankündigung des Engels ging? Hat sie sich gleich gefreut oder kamen ihr Bedenken? Wie redet Gott heute zu uns? Wie können wir seine Stimme hören? Ihr könnt auch mal eure Eltern oder die Mitarbeitenden der Kindergruppe fragen, was sie darüber denken.

Wörter-Rätsel

Ein Engel bringt Maria eine Botschaft, die heute der Grund ist, warum wir Weihnachten feiern. Aber was war das noch einmal für ein Grund? Als Detektive seid ihr ja jetzt schon geschult und bekommt sicher den Lösungssatz heraus, oder?! Dazu müsst ihr einfach die Buchstaben in die Kästchen schreiben, zu dem der Pfeil führt. Auf geht's! Löst gemeinsam das Kreuzworträtsel.

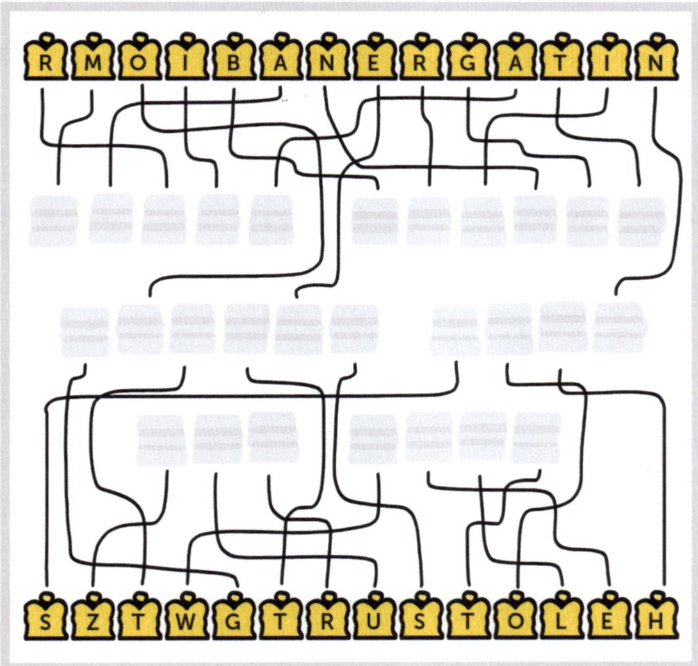

14. Dezember

Am nächsten Tag fällt der erste Schnee. Die Kinder sind außer Rand und Band machen in der Schule in der Pause eine Schneeballschlacht. Als Max gerade eine Schneeballkugel mit voller Wucht in Richtung seiner Freundinnen und Freunde wirft, trifft die Kugel aus Versehen einen jungen Mann, der gerade am Schulhof vorbeiläuft. Durch die dunkle Kleidung und die schwarze Mütze ist er nicht gut zu erkennen. Er schimpft ihn aus: „Pass doch auf, du Schwachkopf! Wenn du das nochmal machst, dann verprügle ich dich!"
Doch Max wehrt sich: „Hei, das war keine Absicht, ich wollte doch meine Freundinnen und Freunde treffen!" Der junge Mann steigt aber ohne eine Antwort in ein Auto und fährt schnell weg. So ein seltsamer Bursche, denken sich die Kinder, der versteht aber auch gar keinen Spaß. Doch dann müssen sie wieder in ihr Klassenzimmer und vergessen den Vorfall schnell wieder.

Am Nachmittag treffen sich die Kinder wieder und grübeln, was sie als nächstes tun sollen. Da schlägt Maik vor: „Wir könnten doch einen kleinen Ausflug zu den Schrebergärten machen. Mein Vater hat ja erzählt, dass da immer wieder eingebrochen wird."
Diese Idee finden alle gut und so fahren sie zusammen zum Ortsrand zu den Schrebergärten. Im Winter ist da natürlich nicht viel los. Sie sehen zwei Frauen, die sich gerade unterhalten. Sie fragen sie: „Wir haben gehört, dass hier in den Schrebergärten eingebrochen wurde. Wissen Sie mehr darüber?"
Da die beiden Frauen sehr gern tratschen, berichten sie den Kindern gern, was sie wissen: „Also seit ungefähr drei Wochen wird hier ständig eingebrochen. Die Diebe haben es auf Gartengeräte abgesehen. Da ist schon manches teure Gerät gestohlen worden."

Jetzt fragt Jule nach: „Und die Diebe sind noch nie auf frischer Tat erwischt worden?"
Die Frauen verneinen und erzählen, dass ja schon Anzeige bei der Polizei erstattet wurde. Die Polizistinnen und Polizisten haben Fußspuren gesichert. Aber da es so viele Fußspuren gibt, ist es schwer zu sagen, welche vom Täter ist.
Maik fragt weiter: „Ihnen ist nicht zufällig eine Weihnachtskrippe aufgefallen, die jemand hier versteckt hat?"
„Eine Krippe, hier in den Schrebergärten? Nein, mir ist da nichts aufgefallen", meint die eine Frau. „Aber sag mal, willst du mal Polizist werden? Du fragst schon wie die Polizisten, die dagewesen sind."
Doch Maik verneint und bevor die Frauen misstrauisch werden, fahren die Kinder wieder in ihre Scheune. Sie fragen sich, ob die Einbrüche in den Schrebergärten etwas mit der gestohlenen Krippe und dem gestohlenen Bild zu tun haben.

Wer erzählt den Kindern von den neusten Einbrüchen in den Schrebergärten?

- ☐ der Hausmeister
- ☐ zwei tratschende Frauen
- ☐ die Polizei

Such dir eine der drei Aktionen aus!

Zahlen-Rätsel

Als Detektiv musst du gut beobachten und genau hinschauen können. Deshalb ist deine Tagesaufgabe heute, den Weihnachtsbaum genau anzuschauen und die Symbole zu zählen. Wie oft kommt welches Symbol im Baum vor? Trage es in die unteren Kästchen ein.

Ball-Schlacht

Heute geht es mal wieder spielerisch zu. Die Kinder haben sich in einer Schneeballschlacht mit Schneebällen beworfen. Leider schneit es bei uns im Dezember nicht so viel, sodass wir kaum noch Schneebälle werfen können. Aber Schneebälle sehen ja aus wie Bälle. Wenn ihr Lust habt, dann könnt ihr gemeinsam Spiele mit Bällen machen. Ideen dazu findet ihr im Downloadbereich.

Geschenke-Diebstahl

Als Detektiv ist es manchmal sehr aufregend und spannend, vor allem wenn man sich anpirschen oder verstecken muss. Bei diesem Spiel müsst ihr schnell sein und solltet euch geschickt bewegen.
Ihr braucht ein großes Gelände oder einen großen Raum. Zuerst werden die Kinder in zwei Gruppen eingeteilt. Jede Gruppe hat ein ca. 2 x 3 Meter großes Depot am jeweiligen Ende des Geländes / der Halle. In der Mitte des Spielfeldes (ca. 10 Meter von den Depots entfernt) liegen die Süßigkeiten oder kleineren Gegenstände. Es bietet sich an, dass in den Depots jeweils eine Mitarbeiterin / ein Mitarbeiter ist und die Fairness kontrolliert.

Alle Kinder bekommen eine Wäscheklammer an die Kleidung geheftet und startet von ihrem Depot aus auf das Startsignal der Spielleitung. Sie müssen nun in die Mitte des Spielfelds laufen, sich eine Süßigkeit / einen Gegenstand nehmen und diese/diesen ins eigene Depot bringen. Gibt es in der Spielfeldmitte keine Süßigkeiten/Gegenstände mehr, dürfen sie aus dem Depot der gegnerischen Mannschaft genommen werden. Jedes Kind darf immer nur eine Süßigkeit / einen Gegenstand transportieren.
Wird einem Kind die Wäscheklammer von der Kleidung gezogen, muss es die Süßigkeit / den Gegenstand abgeben.

Die Gruppe, die nach 10 Minuten die meisten Süßigkeiten/Gegenstände in ihrem Depot hat, hat gewonnen.

15. Dezember

Als sich die Kinder am nächsten Tag in ihrer Scheune treffen, vervollständigen sie auf ihrer Liste, was sie bisher herausgefunden haben. Und nun? Da hat Max die Idee, im Internet nach der Krippe zu suchen. Das findet sofort Anklang und so laufen sie zu den Eltern von Max, zur Familie Strenger. Frau Strenger macht ihnen die Türe auf und stellt ihnen etwas zu trinken hin. Max fragt seine Mutter, ob er kurz an den Computer darf. Da Frau Strenger gerade nicht am PC arbeiten muss, dürfen die Kinder ihn benutzen. Sie überlegen, was sie in die Suchmaschine eingeben sollen. Denn Weihnachtskrippen wird es wohl viele geben. Dann geben sie den Begriff „Verzierte Weihnachtskrippe" ein, aber da kommen auch sehr viele Bilder. Es hilft ja nichts, sie müssen alle Krippen genau anschauen, ob da die Krippe von ihrer Kirche dabei ist. Die vier Kinder schauen fast eine Stunde lang Bilder im Internet an, doch „ihre" Krippe ist leider nicht darunter. Manche Krippen haben eine Ähnlichkeit mit der Krippe, aber es ist nicht dieselbe. Schade, das wäre ja auch irgendwie zu einfach gewesen.

Da kommt Maik auf eine Idee: „Wenn jemand die Krippe stiehlt, wo kann er sie verkaufen? Na, vielleicht auf einem Weihnachtsmarkt. Lasst uns doch morgen nach Ulm fahren. Da ist ein großer Weihnachtsmarkt und vielleicht sehen wir dort die Krippe. Unsere Mutter fährt morgen nach Ulm und sie könnte uns doch mitnehmen."
Nach einigem Hin und Her beschließen sie, dass sie morgen einen Ausflug nach Ulm machen werden, um dort nach der Krippe zu suchen. Ihre Eltern werden sicher nichts dagegen haben, wenn die Kinder zusammenbleiben.

Mittlerweile ist es schon später Nachmittag und die Kinder verabschieden sich von den Strengers und laufen zur Scheune, um ihre Fahrräder abzuholen. Doch als sie dort ankommen, erleben sie eine böse Überraschung: Das Schloss an der Tür ist aufgebrochen, alle Fahrrad-Schläuche sind zerstochen und es hängt ein weiterer Zettel an einem der Fahrräder: **„Ich habe euch gewarnd, hört auf mit dem schnüfeln, sonst pasiert was schlimes!"**
Die Kinder schauen sich verstört an. Wer ist dieser Unbekannte, der sie einschüchtern möchte? Es ist die gleiche Schrift, wieder mit Schreibfehlern drin.
Luisa bekommt Angst: „Ich glaube, wir sollten aufhören, nachzuforschen. Wer weiß, was derjenige sonst noch macht?"
Doch die drei anderen Kinder sind da anderer Meinung. Sie wollen der Sache auf die Spur kommen. Aber wie? Sie überlegen, ob sie es Herrn Müller sagen sollen, schließlich werden sie ja bedroht. Doch sie einigen sich, erst einmal nichts zu sagen. Denn die Polizei hat anderes zu tun, als sich um so eine Lappalie zu kümmern. Sie müssen ihre Fahrräder schieben, das ist ganz schön ärgerlich. „Na warte", denkt Jule, „wir kommen dir schon noch auf die Spur. Mach dich auf was gefasst!"

? Wo wollen die Kinder als nächstes nach der Krippe suchen?

- ☐ in der Kirche
- ☐ auf dem Weihnachtsmarkt
- ☐ bei Frau Schmidt

Such dir eine der drei Aktionen aus!

Buchstaben-Rätsel

Irgendjemand hat eine Nachricht für die Kinder hinterlassen, die voller Rechtschreibfehler ist. Wieder dieser Unbekannte! Bis du erfährst, wer das ist, darfst du wieder deinen detektivischen Spürsinn trainieren und versuchen, das Rätsel zu lösen. Manche Buchstaben des Alphabets sind doppelt und manche fehlen. Findest du heraus, welche es sind? Kreise sie ein.

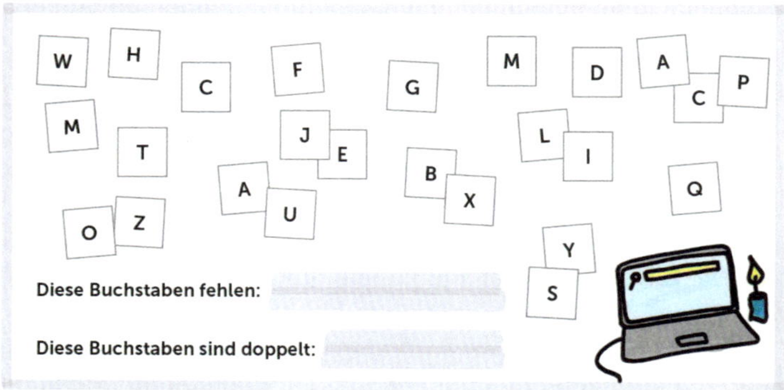

Krippen-Rätsel

Die vier Kinder schauen sich im Internet stundenlang verschiedene Krippen an, aber sie finden „ihre" Krippe nicht darunter. Detektive müssen scharf beobachten können und genau hinsehen. Schaut euch auch die Krippen hier einmal genau an – welche beiden sind gleich? Kreist sie ein.

Wörter-Rätsel

Jemand hat in der Scheune wieder eine Nachricht hinterlassen, die viele Rechtschreibfehler hat. Wer das wohl war? Davon hört ihr in den nächsten Tagen noch mehr.

Versucht in der Zwischenzeit herauszufinden, welches Wort in der mittleren Spalte fehlt, um die zwei Wörter zu verbinden. Die Wörter, die ihr einfügen müsst, lauten: Press, Fach, Anhänger, Kraft, Verkehr, Vorher, Ball, Fahr, Arzt, Spiel.

HAND	BALL	SPIEL
WASSER		MASCHINE
KINDER		PLATZ
NUDEL		FORM
KRAFT		ZEUG
FUSS		TRAINER
HAUS		KITTEL
GARTEN		MARKT
WETTER		SAGE
STERN		KETTE
STRASSEN		ORDNUNG

16. Dezember

In der Schule können sich die Kinder nicht wirklich auf den Unterricht konzentrieren und müssen immer an die Drohung und die zerstochenen Reifen denken. Endlich ist der Unterricht vorbei und sie laufen nach Hause. Sabine Müller will von ihren Kindern wissen, warum sie heute nicht mit dem Rad zur Schule gefahren sind. Doch Maik antwortet ausweichend: „Wenn man läuft, kann man den Schnee viel besser genießen!"

Sabine Müller lacht: „Ja, das stimmt. Schön, dass ihr so eine Freude an der Schneelandschaft habt. Da könnt ihr heute Mittag gleich Schnee schippen."

„Oh nee!", mault Maik. „Heute nicht."

„Aber warum denn nicht?", fragt seine Mutter zurück.

„Weil wir dich fragen wollten, ob wir heute mit dir nach Ulm auf den Weihnachtsmarkt fahren dürfen", antwortet Maik.

Luisa steht ihm bei: „Mama, bitte sag ja, wir wollen mit unseren Freundinnen und Freunden unbedingt dorthin fahren."

Frau Müller überlegt kurz und willigt dann ein.

Am Nachmittag fahren die Kinder mit Frau Müller nach Ulm. Sie vereinbaren eine Uhrzeit, wann sie sich wieder treffen wollen. Als sie allein sind, überlegen sie, wann sie ihre Fahrradschläuche reparieren sollen und wer ihnen dabei helfen kann. Ihre Eltern sollen möglichst nichts von der Drohung mitbekommen. Aber es ärgert sie, dass sie gerade keine Fahrräder haben. Andererseits ist es bei Schnee und Glätte eh besser, wenn sie nicht mit dem Fahrrad fahren.

Die Stadt Ulm ist schön geschmückt, überall Weihnachtskugeln, Lichterketten und Weihnachtsbäume. Und ständig werden Weihnachtslieder gespielt. Sie laufen über den Weihnachtsmarkt und sehen sich die verschiedenen Stände an. Es gibt auch Buden, in denen es Weihnachtskrippen zu kaufen gibt, aber „ihre" Krippe ist nicht dabei. Das ist frustrierend. Sie gönnen sich an einem Stand einen Kinderpunsch, damit es ihnen wieder warm wird.
Als sie schon wieder zum vereinbarten Treffpunkt mit Frau Müller laufen, zeigt Luisa plötzlich nach vorn: „Seht doch, da vorn ist der Mann, der so böse war, weil er einen Schneeball an den Kopf bekommen hat."
Die Kinder schauen in die Richtung, in die Luisa zeigt, und tatsächlich: Es könnte der Mann sein. Dieser Mann hat ein längliches Paket unter dem Arm und läuft eilig in Richtung Innenstadt. Aber leider haben sie keine Zeit mehr, den Mann zu beobachten, denn Frau Müller wartet sicher schon auf sie.
„So ein böser Mensch", sagt Luisa. „Der versteht aber auch gar keinen Spaß."
„Wie gut, dass du einen Spaß verstehst", neckt sie ihr Bruder und bewirft sie mit Schnee. Sie wirft Schnee zurück, verfehlt aber ihren Bruder. Und dann müssen sie sich wirklich beeilen, um Frau Müller nicht zu verärgern.

? Was hat der laut Luisa „böse" Mann unterm Arm?

- ☐ ein rundes Paket
- ☐ ein längliches Paket
- ☐ ein dreieckiges Paket

Such dir eine der drei Aktionen aus!

Lieder-Singen

Auf dem Weihnachtsmarkt waren viele Weihnachtslieder zu hören. Erinnerst du dich noch an deinen letzten Weihnachtsmarkt? Welche Lieder wurden da gespielt? Singe mal nur für dich ein Weihnachtslied. Frage bei deinen Eltern nach einem Liederbuch, in dem Weihnachtslieder sind. Wenn du ein Instrument spielen kannst, spiele ein Weihnachtslied mit deinem Instrument. Welches Lied ist dein Lieblings-Weihnachtslied? Wenn du magst, dann besuche doch jemanden aus deiner Familie oder Nachbarschaft und spiele oder singe dieser Person ein Weihnachtslied vor. Bestimmt machst du damit anderen eine Freude.

Kinderpunsch-Küche

Leider haben die Kinder in Ulm auf dem Weihnachtsmarkt ihre Krippe nicht gefunden. Wäre ja auch zu schön gewesen! Dafür ist es ihnen dort ganz schön kalt geworden. Dagegen haben sie einen schönen, heißen Kinderpunsch getrunken. Vielleicht ist euch auch kalt und ihr friert, wenn ihr nach draußen geht? Dagegen hilft ein leckerer Kinderpunsch! Die Zutaten müsst ihr nur zusammen in einen Topf geben und aufkochen. Wenn ihr den Punsch zusammen trinkt, wird euch schnell wieder warm werden.

Städte-Quiz

Die Kinder waren in Ulm auf dem Weihnachtsmarkt, doch ihre Krippe haben sie dort nicht gefunden. Habt ihr schon eine Ahnung, was mit der Krippe passiert sein könnte? Und wer hat ihnen die Reifen zerstochen? Unterhaltet euch darüber, welche Ideen ihr habt.

Testet dann euer Wissen über deutsche Städte und ihre Sehenswürdigkeiten. Detektive brauchen ein gutes Allgemeinwissen, damit sie alle Informationen richtig deuten können.

1. Was ist das Wahrzeichen von Paris? a) Triumphbogen b) Prachtstraße Champs Élysées c) Pariser Eifelturm d) Louvre **2.** In Köln gibt es viel zu sehen. Was fällt einem aber sofort auf, wenn man dorthin fährt? a) Altstadt von Köln b) Kölner Dom c) Rheinuferpromenade d) Historischer Malakoffturm **3.** Hamburg ist eine sehr schöne Stadt. Seit ein paar Jahren hat Hamburg eine neue Sehenswürdigkeit. Welche? a) Speicherstadt b) Neuer Hamburger Hafen c) Konzerthaus Elbphilharmonie d) Kirche Sankt Michaelis **4.** Barcelona hat einige tolle Sehenswürdigkeiten. Welche gehört wirklich dazu? a) Sagrada de Familia b) Park Picos de Europa c) Museum del Prado d) Fußball-Stadion Coliseum Alfonso Pérez **5.** Stuttgart hat ebenfalls einige Sehenswürdigkeiten. Welches gehört nicht dazu? a) Wilhelma b) Cannstatter Wasen c) Schloss Solution d) Mercedes-Benz-Museum **6.** In welcher Stadt in Deutschland gibt es die meisten Brücken? a) Bremerhaven b) Hamburg c) Berlin d) Köln

17. Dezember

Noch eine Woche bis Weihnachten und die Kinder sind noch nicht weitergekommen. Sie überlegen, was sie nun tun können. Maik erzählt, dass die Polizei von dem Bild von Martin Luther noch nichts gehört hat. Auch bei der Einbruchsserie in den Schrebergärten gab es noch keinen wirklichen Verdächtigen. Das ist doch zum Mäusemelken! So schauen sie auf ihre Übersicht, die sie erstellt haben, und kommen zu dem Ergebnis, dass die einzige Spur, die sie weiterverfolgen können, das Haus am Ortsrand ist. Zu dumm, dass ihre Fahrräder noch kaputt sind. Sie beschließen, heute ihre Fahrräder in der Scheune zu reparieren, damit sie wieder fahrbereit sind.

So gehen sie nach Hause, holen Flickzeug und schieben ihre Fahrräder in ihre Scheune. Und dann flicken sie ihre Reifen und nach einer Stunde sind die Räder von Jule und Maik wieder fahrbereit. Doch zwei Reifen – die von Luisa und Max – sind zu stark eingeschnitten, die müssen ersetzt werden. Da hat der Täter ganze Arbeit geleistet. Sie beschließen gemeinsam, dass sie aus ihren Sparschweinen Geld holen und zwei neue Reifen kaufen. Luisa und Max wollen heute noch zum Fahrradhändler gehen und Reifen kaufen und Jule und Maik wollen mit ihren Fahrrädern zum Haus am Ortsrand fahren, um mehr in Erfahrung zu bringen.

Luisa und Max laufen also mit ihren Fahrrädern zum Händler und unterwegs unterhalten sie sich über die ganze Sache. Max überlegt laut: „Warum klaut jemand die Krippe? Will jemand die Waldweihnacht verhindern? Oder den Weihnachtsgottesdienst in der Kirche mit Krippenspiel?"

Luisa stimmt mit ein: „Vielleicht ist das ja ein Weihnachtsgegner, der keinen Sinn für Weihnachten hat. Unsere Krippe ist so schön. Es ist sozusagen ein Familienerbstück, das der Kirchengemeinde geschenkt worden ist."
„Wow!", sagt Max., „Das habe ich gar nicht gewusst. Na, dann ist es umso wichtiger, dass wir sie finden. Und wenn wir sie nicht finden, dann muss die Kirchengemeinde nach einem Ersatz schauen."
„Aber es wäre nicht das gleiche", seufzt Luisa. „Natürlich ist Jesus damals auch nicht in einer so schön verzierten Krippe gelegen, aber ich will diese eine Krippe haben."
Max fragt jetzt nach: „In was ist Jesus dann gelegen?"
Da erklärt ihm Luisa, dass Jesus in einem Stall zur Welt gekommen ist, in dem Tiere waren. Jesus ist in eine Futterkrippe gelegt worden.
Max erwidert: „Darüber habe ich mir noch nie Gedanken gemacht. Dann hat es sicher nach Mist gestunken."
„Ja, und wenn man bedenkt, dass Jesus der Sohn Gottes ist, dann ist das wirklich erstaunlich. Er hätte eigentlich in einem Schloss auf die Welt kommen müssen!"
„Ja, das wäre cool gewesen! Außerdem hätten wir dann nicht nach der Krippe suchen müssen", bemerkt Max. Und dann sind die zwei auch schon beim Reifenhändler und kaufen ihre Reifen.

? Welche Kinder müssen ihre Fahrräder zum Reifenhändler bringen?

- ☐ Jules und Luisas
- ☐ Maiks und Max'
- ☐ Luisas und Max'

Such dir eine der drei Aktionen aus!

Bilder-Rätsel

Luisa erklärt Max, dass Jesus ist in einem Stall geboren ist. Stelle dir diesen Stall in Bethlehem einmal vor. Überlege dir: Was war ganz sicher nicht in oder am Stall zu finden? Kreise die Dinge farbig ein, die es deiner Meinung nach dort gab.

Bibel-Lesen

Auch Detektive sollten sich in der Bibel auskennen, denn das gehört zur Allgemeinbildung. Daher hier eine Aktion für euch: Lest zusammen die Bibelstelle Lukas 1,26-38. Was erfahrt ihr dort über Maria? Was steht da über Jesus? Warum ist Jesus auf die Welt gekommen? Was denkt ihr? Tragt alles zusammen, was ihr im Text entdeckt.

Weihnachts-Traditionen

Luisa erklärt Max, dass Jesus in einem Stall zur Welt gekommen ist und in eine Futterkrippe gelegt wurde. Deshalb haben viele Menschen eine Holzkrippe zu Hause, die sie an Weihnachten aufstellen. Christinnen und Christen feiern Weihnachten nach der christlichen Tradition. Redet einmal darüber, wie ihr zu Hause Weihnachten feiert. Welche Rituale gibt es bei euch? Wie wird die Weihnachtszeit gestaltet? Was gefällt euch an der Weihnachtszeit am besten? Was findet ihr nicht so toll?

18. Dezember

Jule und Maik fahren mit ihren Fahrrädern zu dem Haus am Ortsrand und stellen ihre Räder an der Eiche ab. Sie überlegen, wie sie weiter vorgehen sollen und beschließen, sich näher an das Haus zu schleichen. Doch als sie fast schon am Haus sind, springt ein großer Hund auf sie zu und bellt sie an. Der Hund ist ihnen vorher noch gar nicht aufgefallen. Was sollen sie jetzt tun?
Bevor sie sich etwas überlegen können, kommt ein Mann aus der Halle und schaut nach, warum der Hund so bellt. Er ruft ihn zurück: „Bello, komm her!“ Dann schaut er die Kinder streng an: „Was wollt ihr hier? Hier gibt es nichts zu sehen! Macht, dass ihr fortkommt!“
Jule und Maik drehen auf dem Absatz um und rennen zu ihren Fahrrädern. „Puh, das war knapp!“ Japsend lässt sich Jule neben ihrem Fahrrad auf den Boden fallen.
„Ja, der Hund hat gefährlich ausgesehen. Und das ist echt blöd, dass der Hund da ist, jetzt können wir uns nicht mehr heimlich anschleichen“, sagt Maik genervt. „Aber das war der andere Mann, nicht der Hinkende. Er ist so unfreundlich zu uns, obwohl wir gar nichts gemacht haben.“
„Sollen wir mal mit deinem Vater reden, vielleicht kann er als Polizist hier was ausrichten?“, meint Jule.
Doch Maik ist von der Idee nicht begeistert: „Was sollen wir meinem Vater sagen? Etwa: Da ist ein hinkender Mann, der einen Lieferwagen fährt und der vermutlich auch an der Kirche geparkt hat? Damit kann ich meinem Vater nicht kommen.“
„Ja, du hast ja Recht“, pflichtet ihm Jule bei. „Wir brauchen einfach noch mehr Beweise!“. Sie diskutieren hin und her, wie sie weiter vorgehen sollen. Da sie jetzt nicht mehr unbemerkt zu dem Haus gehen können, drehen sie um und fahren in die Scheune. Dort warten

sie auf Luisa und Max. Sie müssen auch nicht lange auf die beiden warten, schon kommen sie mit den reparierten Rädern zu ihnen. Jule erzählt ihnen von ihrem Erlebnis mit dem Hund. Sie überlegen, wie sie trotzdem etwas herausfinden können. Viele Ideen werden ausgetauscht und diskutiert. Wie können sie nur unbemerkt an das Haus heran kommen?

? Wie geht es Jule und Maik als der Hund auf sie zuspringt?

- ☐ Sie freuen sich und streicheln den Hund.
- ☐ Sie ärgern sich, dass sie nun nicht mehr unbemerkt ans Haus kommen können.
- ☐ Sie bekommen es mit der Angst zu tun.

Such dir eine der drei Aktionen aus!

Lieder-Rätsel

So ein großer Hund kann ganz schön beängstigend sein. Weißt du, was gegen Angst hilft? Singen! An Weihnachten singen wir viele Lieder. Bestimmt kennst du auch das aus dem heutigen Rätsel. Aber hier ist wohl einiges durcheinander gegangen. Kannst du den Liedtext von „Oh du fröhliche" in die richtige Reihenfolge bringen?

	Richtige Reihenfolge		Richtige Reihenfolge
1. Strophe		Freue, freue dich,	
Freue, freue dich,		uns zu versühnen.	
Oh, du fröhliche,		Oh, du fröhliche,	
gnadenbringende		Christ ist erschienen,	
Welt ging verloren,			
oh, du selige,		**3. Strophe**	
Christ ist geboren.		oh, Christenheit.	
oh, Christenheit.		oh, du selige,	
Weihnachtszeit!		Himmlische Heere	
		Freue, freue dich,	
2. Strophe		Weihnachtszeit!	
gnadenbringende		Oh, du fröhliche,	
oh, Christenheit.		jauchzen dir Ehre.	
oh, du selige,		gnadenbringende	
Weihnachtszeit!			

Wäscheklammer-Klau

Als Detektiv ist es immer wieder nötig, dass man sich ganz leise an einen Ort anschleichen muss, um nicht gesehen zu werden – so wie Jule und Maik es auch in der Geschichte getan haben. Dieses Anschleichen könnt ihr nun üben. Dazu wählt ihr ein Kind aus, das

die Augen verbunden bekommt und sich auf einen Stuhl setzt. Wenn es sitzt, befestigt ihr zehn Wäscheklammern an seiner Kleidung.
Die Mitspielerinnen und Mitspieler sitzen kreisförmig um diesen Stuhl herum. Sie müssen nun versuchen, sich anzuschleichen und die Wäscheklammern zu entfernen, ohne dass das Kind auf dem Stuhl etwas davon bemerkt. Das blinde Kind in der Mitte muss versuchen, den Wäscheklammer-Klau zu verhindern. Dazu darf sie das anschleichende Kind mit der Hand oder mit einer aufgerollten Zeitung vorsichtig abschlagen. Wer ist die beste Anschleicherin / der beste Anschleicher?

Schatz-Wache

In der Geschichte haben sich Jule und Maik heute an das verdächtige Haus angeschlichen – das ist gar nicht so leicht! Doch als Detektiv ist es immer wieder nötig, dass man sich unbemerkt anschleichen kann, um Informationen zu bekommen. Ihr könnt nun als Gruppe üben, wie das funktioniert: Ein Kind sitzt in der Mitte auf einem Stuhl, hat die Augen verbunden und bewacht einen Schatz (das kann eine Box mit Süßigkeiten sein oder etwas Ähnliches). Dieser Schatzbewacher hat eine aufgerollte Zeitung in der Hand und wedelt damit um sich herum, darf aber nicht aufstehen. Die anderen Kinder machen still aus, wer sich nun anschleichen soll (immer nur ein Kind) und alle anderen im Raum sind mucksmäuschenstill. Die Anschleicherin / der Anschleicher versucht nun, den Schatz zu stehlen. Gelingt es ihr/ihm, gehört ihm der Schatz (z. B. eine Süßigkeit aus der Box). Wenn sie/er mit der Zeitungsrolle berührt wird, darf sie/er den Schatz nicht nehmen. Nach einer Weile darf ein anderes Kind den Schatz bewachen.

19. Dezember

Nach dem Mittagessen haben die Kinder wieder Zeit, sich zu treffen. Diesmal bringt Max ein Fernglas von seinem Vater mit und zeigt es den anderen. Die sind natürlich begeistert, denn jetzt können sie zum Haus fahren und aus der Ferne beobachten, was da vor sich geht. Und so fahren sie ein weiteres Mal zu diesem Haus, stellen ihre Räder an der Eiche ab und beobachten mit dem Fernglas das Haus. Natürlich wollen alle mal schauen. Aber es ist völlig ruhig, nichts regt sich. Es wird den Kindern ganz schön kalt, die Temperaturen sind ziemlich gesunken. Sie hüpfen immer wieder auf der Stelle, damit ihnen ein bisschen warm wird. Nicht, dass sie sich noch erkälten. Das wollen sie auf keinen Fall.

Nach einer weiteren halben Stunde wollen sie schon aufgeben, doch dann hören sie ein Motorengeräusch und der Lieferwagen fährt vor die Halle. Wieder steigen die zwei Männer aus, die sie schon einmal gesehen haben, einer davon hinkt. Sie transportieren wieder Kisten aus der Halle in den Lieferwagen. Mit dem Fernglas können die Kinder sogar die Aufschrift lesen: „Heizungsbau Meier – Mit uns müssen sie nicht frieren!"
Max meint: „Heizungsbauer sind das also. Das heißt, sie kommen in viele Häuser rein und sehen, was da an Wertgegenständen sind."
Doch Jule ist das zu einfach: „Aber warum sollte ein Heizungsbauer eine Krippe oder ein wertvolles Bild stehlen?"
Luisa wirft ein: „Genau, das meine ich auch. Was will ein Heizungsbauer mit einer Krippe? Der hat doch andere Möglichkeiten, um zu heizen. So eine Heizung wäre jetzt übrigens auch nicht schlecht, ich friere nämlich sehr. Meine Füße sind schon ganz kalt. Können wir nicht wieder heimgehen? Da ist es wenigstens warm."

Die Kinder sind damit einverstanden und sie fahren zuerst in ihre Scheune zurück und ergänzen die neue Information auf ihrer Übersicht. Dann fahren sie zu den Müllers und trinken eine heiße Schokolade. Dort überlegen sie, was sie als nächstes unternehmen sollen. „Sollen wir nochmal zu Pfarrer Huber gehen und fragen, ob Hinweise eingegangen sind?", schlägt Max vor.
Doch Luisa antwortet ihm: „Wenn Hinweise eingegangen wären, dann hätte das mein Vater mitbekommen. Daher denke ich nicht, dass ein Besuch bei Pfarrer Huber etwas bringt."
„Hm, wir könnten ihn aber fragen, warum er nicht sofort eine Anzeige wegen dem gestohlenen Bild gemacht hat", kontert Max. „Oder wir fragen Frau Schmidt, warum sie es nicht gleich dem Pfarrer erzählt hat, nachdem sie gemerkt hat, dass das Bild nicht mehr da ist."
Jule findet die Idee gut und sie machen sich gleich auf den Weg zu Frau Schmidt. Aber enttäuscht müssen sie feststellen, dass sie nicht zu Hause ist. Da es inzwischen noch kälter geworden ist, wollen sie heute nicht mehr weiterforschen und sie fahren nach Hause zu ihren Familien.

? Was unternehmen die Kinder, damit ihnen wieder warm wird?

- ☐ Sie sprechen über den Sommer.
- ☐ Sie laufen um den Baum herum.
- ☐ Sie hüpfen immer wieder auf der Stelle.

Such dir eine der drei Aktionen aus!

Geschenk-Vorbereitungen

Die Kinder kommen heute nicht weiter. Daher gibt es auch für dich nicht viel im Kriminalfall zu tun. Stattdessen kannst du dir Gedanken über Geschenke machen, denn es ist nicht mehr lang bis zum Heiligen Abend. Jetzt ist Zeit, die Geschenke schön einzupacken und zu verstecken. Oder du brauchst noch Zeit, um ein Geschenk fertigzumachen? Dann ist heute die Gelegenheit dazu. Packe sie liebevoll in Geschenkpapier o. Ä. ein, dann macht es der/dem Beschenkten viel Freude beim Auspacken.
Oder du überlegst dir eine andere Überraschung für jemanden, den du magst: Kannst du jemandem ein Lied vorsingen (dann kannst du heute üben)? Oder du lernst ein Gedicht auswendig, das mit Weihnachten zu tun hat? Du kannst dir auch „Ich helfe bei ..."-Geschenke überlegen und schön aufschreiben, z. B. „Ich helfe in den nächsten Wochen regelmäßig beim ...

- ... Geschirr aus der Geschirrspülmaschine räumen.
- ... Zimmer aufräumen.
- ... Müll raustragen.

Aufwärm-Übungen

Detektive müssen manchmal ganz schön viel aushalten. Es kann zum Beispiel ganz schön lang dauern, jemanden zu beobachten, das kann schon mal ein paar Stunden dauern. Zurzeit ist es jedoch draußen richtig kalt. Das ist für Detektive schwierig, sie wollen ja nicht krank werden. Macht folgende Übungen, um euch warm zu halten:

- Hüpft auf einem Bein eine Strecke von ca. 10 Metern. (Vielleicht sogar um die Wette?!)
- Jetzt mit dem anderen Bein.
- Macht 20 Hampelmänner.
- Jetzt sind Kniebeugen dran. Wie viele schafft ihr? Wer schafft am meisten?

- Treppensteigen: Suchet euch eine Treppe im Ort/Haus und lauft sie schnell nach oben und unten. (Vorsicht: Nicht stolpern!)
- Welche Übungen fallen euch selbst noch ein, damit es euch warm wird? Setzt sie jetzt um!

Buchstaben-Gitter

Testet eure detektivischen Fähigkeiten und löst ein Rätsel: In diesem Buchstabenrätsel sind zwölf Begriffe versteckt, die alle etwas mit Weihnachten zu tun haben. Wenn ihr einen Begriff gefunden habt, kreist ihn mit einem Stift ein. Die Begriffe können von oben nach unten oder von links nach rechts angeordnet sein. Welche Begriffe könnt ihr finden?

A	B	V	S	P	U	K	R	M	A	E	W	A
O	G	E	S	C	H	E	N	K	E	L	B	H
C	P	L	Ä	T	Z	C	H	E	N	D	I	E
B	M	K	I	R	C	H	E	S	B	N	B	W
Z	A	W	I	L	K	E	J	S	A	U	E	X
R	R	K	R	I	P	P	E	W	U	O	L	W
H	I	R	T	E	N	D	S	B	M	V	P	R
G	A	T	U	D	E	X	U	P	E	S	N	U
T	A	D	V	E	N	T	S	K	R	A	N	Z
J	E	P	E	R	V	W	P	L	I	C	H	T

20. Dezember

Am heutigen vierten Advent macht sich die Familie Müller wieder auf den Weg zur Kirche. Diesmal geht Jule wieder mit und sogar Max hat sich einladen lassen. Als sie im Treffpunkt für Kids sind, erzählt Mareike von den Hirten, die auf dem Feld die Schafe gehütet haben. Und mitten in der Nacht war plötzlich der Himmel hell erleuchtet und es erschienen Engel am Himmel und sie kündigten eine große Freude an: „Jesus, der Heiland ist geboren!" Und dann sangen die Engel: „Ehre sei Gott in der Höhe!".
Mareike erklärt den Kindern: „‚Heiland' bedeutet, dass Gott rettet. Jesus ist Gottes Sohn und er hilft uns in aller Not. Diese Botschaft haben die Hirten gehört und das hat für sie alles verändert. Sie sind von der Freude der Engel angesteckt worden und haben sich auf den Weg gemacht, diesen Heiland zu suchen".
Jule findet die biblische Geschichte sehr spannend.

Nach dem Gottesdienst fahren alle zu den Müllers. Dort verabschieden sich Jule und Max von ihnen und laufen nach Hause. Als die Müllers gerade mit dem Essen fertig sind, klingelt das Telefon und Jules Mutter ist dran. Sie fragt, ob Jule noch bei ihnen ist. Doch Herr Müller erklärt, dass sich Jule nach dem Gottesdienst von Müllers verabschiedet hat und allein nach Hause gehen wollte. Frau Schulze klingt besorgt, weil Jule nicht heimgekommen ist. Herr Müller bittet sie, sich nochmals zu melden, sobald Jule daheim ist. Er erzählt seiner Familie von dem Anruf und die Kinder wundern sich: „Jule hat doch gesagt, dass sie jetzt heimgeht."
Sabine Müller beruhigt sie: „Jule wird vielleicht noch einen kleinen Umweg gemacht haben und ist sicher bald zu Hause."

Doch nach einer Stunde klingelt nochmals das Telefon und jetzt ist Herr Schulze am Apparat: „Jule ist immer noch nicht daheim. Wir sind schon durch manche Straßen gefahren, aber wir haben sie nicht gefunden."

Herr Müller bietet an, dass er und seine Familie sich gleich auf den Weg machen, um Jule zu suchen. Maik schlägt vor, auch Max um Hilfe zu fragen. So machen sich die Familien Müller, Schulze und Strenger auf den Weg und suchen alle Straßen ab. Doch Jule ist nirgends zu finden. Sie hat auch kein Handy dabei. In der Scheune ist sie auch nicht. Es wird langsam dunkel und alle machen sich Sorgen um Jule. Hat es etwas mit den Drohbriefen zu tun? Luisa und Maik erzählen ihrem Vater, was sich in den letzten Tagen zugetragen hat. Er schimpft erst mit seinen Kindern, warum sie ihm das nicht schon früher erzählt haben. Und dann überlegt er, was da vor sich geht. Hängt etwa alles irgendwie zusammen, die Einbrüche in den Schrebergärten, das verschwundene Bild und die Krippe – und nun ist Jule verschwunden?!

„Hoffentlich wird Jule bald gefunden", meint Maik. Da muntert Frau Müller die Kinder auf: „Ich glaube, dass es Jule gut geht. Jesus passt auf sie auf, da bin ich überzeugt!"

? Wie heißen die Familien, die Jule suchen?

- ☐ Mayer, Metzger und Klein
- ☐ Müller, Schulze und Strenger
- ☐ Schmidt, Hiller, Meier

Such dir eine der drei Aktionen aus!

Angst-Bekämpfung

Detektive müssen manchmal auch im Dunkeln nach Spuren suchen. Aber wenn es dunkel ist, kann es auch unheimlich sein und man bekommt Angst. Die Kinder haben Angst um Jule, weil sie nicht auffindbar ist. Überlege dir: Was macht dir gerade Angst? Wo brauchst du Hilfe? Was bedrückt dich? Nimm dir ein paar Minuten Zeit und überlege dir, wo du gerade Schwierigkeiten hast. Hast du vielleicht Krach mit deiner besten Freundin oder deinem besten Freund? Hast du Stress in der Schule oder in der Familie? Beängstigen dich die negativen Nachrichten?

Die Weihnachtsgeschichte möchte dir Mut machen, dass du dich an Gott wenden kannst. Du darfst ihm alles sagen, was dich bedrückt. Mach aus deinen Sorgen ein Gebet und rede mit Gott darüber. Er ist da für dich und hilft dir!
Aber natürlich sind auch deine Eltern und Freundinnen/Freunde für dich da. Du kannst sie um Hilfe bitten und ihnen erzählen, was dir Angst macht. Es ist besser, sich Hilfe zu suchen als allein zu bleiben und sich von der Angst lähmen zu lassen.

Mut-Zuspruch

Die Kinder machen sich Sorgen um Jule, weil sie nicht zu Hause angekommen ist. Tauscht euch darüber aus, was euch gerade Sorgen macht und wie ihr damit umgehen könnt. Vielleicht ist es die Angst vor der dunklen Jahreszeit, wenn man sich nicht gut orientieren kann? Oder sind es Sorgen in der Schule, in der Familie oder im Freundeskreis? Sorgen wegen einer Krankheit? Beängstigen euch die schlechten Nachrichten?

Tipp: Wenn ihr euch davon erzählt habt, dann könnt ihr euch gegenseitig zusprechen: „Hab keine Angst, Gott ist bei dir!" Das heißt nun nicht, dass alles auf einen Schlag gut wird, aber wir haben Gott an unserer Seite, der mit uns ist, in guten wie in schwierigen Zeiten. Gerade die Weihnachtsgeschichte zeigt uns das!

Kim-Spiel

Jule ist verschwunden und niemand weiß, wo sie ist. Habt ihr eine Idee, wo sie sein könnte? Was könnte passiert sein? Es gibt Situationen, da sind auch Detektive ratlos und müssen erst einmal abwarten, was passiert. So müssen die Kinder die Nacht abwarten und können nur für Jule beten.

Spielt zur Ablenkung ein Spiel, ein sogenanntes Kim-Spiel. Bei diesem Spiel dürfen sich immer zwei Kinder zwanzig Gegenstände anschauen, die auf einem Tisch liegen. Nach 20 Sekunden werden die Gegenstände mit einem Tuch verdeckt. Die beiden Kinder verlassen den Raum und die Spielleitung oder ein anderes Kind nimmt einen Gegenstand weg. Die beiden Kinder dürfen nun wieder zurück in den Raum kommen. Wer erkennt zuerst, welcher Gegenstand fehlt?

21. Dezember

Am nächsten Mittag kommt dann der erlösende Anruf von Herrn Müller: Sie haben Jule gefunden! Sie war in einer Scheune am Ortsrand und hat nach etwas gesucht. Dort ist sie vom Besitzer aus Versehen eingeschlossen worden. Der Besitzer, Herr Rapp, ist danach nach Hause gelaufen und hat nicht bemerkt, dass in der Scheune noch jemand ist. Erst heute Mittag hat Herr Rapp aus der Scheune etwas holen wollen und hat dann Jule bemerkt. Sie ist zwar etwas unterkühlt und hat Hunger, aber es geht ihr sonst gut. Sie ist jetzt bei ihren Eltern zu Hause und wird dort versorgt und aufgepäppelt.

Puh, die Kinder und ihre Familien sind sehr erleichtert und freuen sich, dass Jule wieder da ist und dass es ihr gut geht.

Die Kinder besuchen Jule am Nachmittag. Sie fordern Jule auf, von ihrem Abenteuer zu erzählen. „Als ich gestern auf dem Heimweg war, hatte ich noch einen Einfall. Ich habe nochmals an das Haus mit der Halle gedacht. Auf dem Weg dorthin ist auch noch eine einsame Scheune. Ich hatte plötzlich Lust, dort nachzusehen, ob dort das Bild und die Krippe sind. Als ich dort ankam, war das Tor tatsächlich offen und ich bin reingegangen. Dort war allerhand Gerümpel. Ich habe hinter den Geräten nachgeschaut und war so abgelenkt, dass ich nicht bemerkt habe, dass jemand das Tor zugeschlossen hat. Und als ich weder das Bild noch die Krippe gefunden habe, wollte ich wieder gehen und habe dann festgestellt, dass das Tor verschlossen war. Ich habe daran gerüttelt und gezogen, aber das Tor hat sich nicht bewegt. Da habe ich um Hilfe geschrien, aber niemand hat mich gehört. Es ist immer kälter geworden, da habe ich mich unter das Heu gelegt. Und als es dann auch noch dunkel geworden ist, habe ich doch ein bisschen Angst bekommen. Und dann habe ich an das gedacht, was Mareike uns erzählt hat: dass die Hirten auch im Dunkeln waren und vielleicht Angst hatten. Und dass dann die Engel gesagt haben: ‚Fürchtet euch nicht! Den euch ist heute der Heiland geboren.' Und da habe ich angefangen zu beten. Das habe ich vorher noch nie getan. Ich habe Jesus gesagt, dass ich Angst habe und seine Hilfe brauche. Ich habe mir vorgestellt, dass Jesus jetzt da ist, neben mir. Mit diesen Gedanken bin ich dann irgendwann eingeschlafen und erst am nächsten Morgen aufgewacht. Ich hatte großen Hunger und mir war ganz schön kalt. Ich habe wieder um Hilfe gerufen, aber kein Mensch hat mich gehört. Aber ich war mir sicher, dass der Besitzer von dem Schuppen irgendwann kommen wird. Und so war es ja auch."

Die Kinder sind beeindruckt. Vor allem Maik freut es, dass Jule mit Jesus geredet hat. Und er dankt Jesus im Stillen, dass er Jule beschützt hat.

? Wie heißt der Besitzer der Scheune?

- ☐ Herr Rapp
- ☐ Herr Knapp
- ☐ Herr Schwab

Such dir eine der drei Aktionen aus!

Bibel-Entdecker

Jule hat zum ersten Mal mit Jesus geredet. Hast du schon mal gebetet? Die Einladung gilt auch dir, dass du Jesus alles sagen kannst, was du auf dem Herzen hast. Das ist echt super, oder?! Dafür ist Jesus auf die Welt gekommen.

Stell dir vor, schon im Alten Testament (das ist der erste Teil der Bibel) wurde vorhergesagt, in welchem Ort Jesus zur Welt kommen sollte. Lies Micha 5,1-4a: Wie heißt der Ort? Von ihm hast du sicher schon einmal gehört.

Lies nun Sacharia 9,9. Dort wird beschrieben, wie der zukünftige König (Jesus) sein wird. Was liest du da? Du kannst die Bibelstellen auch mit deinen Eltern lesen und darüber nachdenken.

Bibel-Lesen

Jule hat ein richtiges Abenteuer erlebt. Aber sie hat Jesus um Hilfe gebeten und am nächsten Tag wurde sie gefunden. Wir dürfen Jesus immer um Hilfe bitten, wenn wir ihn brauchen.

Auch Josef hat Gottes Hilfe gebraucht. Als Maria ihrem Verlobten sagte, dass sie schwanger ist, hat Josef überlegt, Maria zu verlassen, weil das Kind ja nicht von ihm war. Und das war keine einfache Situation. Doch Gott lässt ihm durch einen Engel eine Botschaft zukommen. Wie lautet sie? Lest zusammen Matthäus 1,19-23. Wie reagiert Josef hier? Lest nun Matthäus 1,24.

Josef soll das Kind Jesus nennen. Warum? Schaut dazu in Matthäus 1,21. Das ist für uns eine Zusage, dass wir mit allem Mist, den wir anstellen, zu Jesus gehen können und ihn um Vergebung bitten dürfen. Er hat versprochen, uns zu vergeben. Wie gut, dass wir Jesus haben!

Symbol-Rätsel

In der heutigen Geschichte erzählt Jule, dass sie zum ersten Mal gebetet und dabei Jesus um Hilfe gebeten hat. Und heute wurde sie schließlich gefunden. Das ist super!

Jesus will immer für uns da sein, mit ihm an unserer Seite müssen wir keine Angst haben. Findet ihr mit eurem detektivischen Geschick heraus, was die Bibel darüber sagt? Jedes Symbol steht für einen Buchstaben im Alphabet.

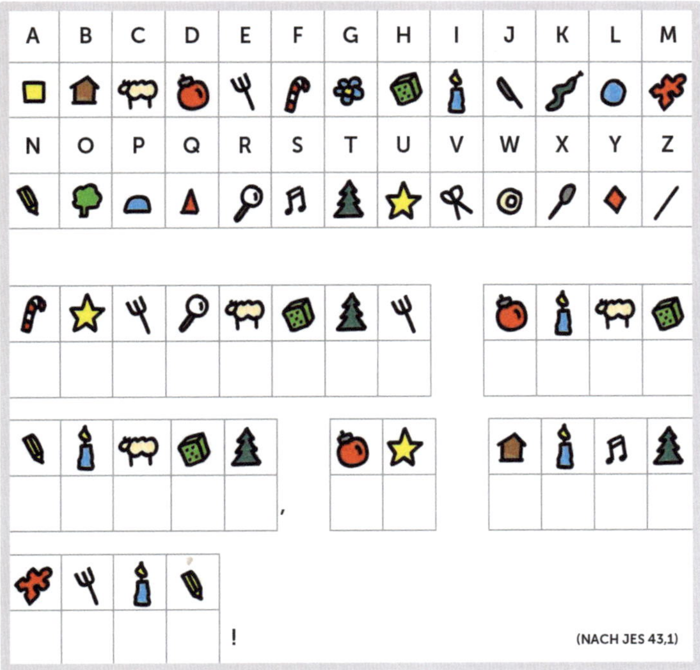

22. Dezember

Am nächsten Morgen gehen die Kinder nochmal bei Frau Schmidt vorbei. Von Weitem sehen sie, dass sie sich gerade mit einem Mann streitet. Als sie näherkommen, sagt Max: „Das ist doch der Typ mit dem Schneeball. Was will der denn bei Frau Schmidt?"
Als sie vor Frau Schmidt stehen, motzt sie: „Was wollt ihr denn schon wieder hier?"
Da antwortet Jule: „Tja, die Krippe und das Bild sind noch nicht aufgetaucht. Haben Sie nochmal was darüber gehört?"
Der junge Mann schaut sie aus zusammengekniffenen Augen an: „Die blöde Krippe ist gar nicht wichtig. Und das mit dem Bild geht euch gar nichts an. Hört mit der Schnüffelei auf!"
Frau Schmidt sagt zu den Kindern „Ihr geht jetzt besser. Ich kann euch nichts über die Krippe sagen."

Die Kinder gehen weg und verstecken sich. Als der Mann in einen Lieferwagen steigt, erkennt Max, dass es der Lieferwagen von Heizungsbau Meier ist. Also hängt der mit den Typen unter einer Decke! Die Kinder radeln zu dem besagten Haus und warten. Nach einer halben Stunde geht die Türe der Halle auf und ein blauer Fiat fährt weg. Sie verfolgen das Auto mit ihren Fahrrädern. Das Auto ist natürlich schneller und zuerst haben sie ihn wieder verloren. Aber bald sehen sie den Fiat am Straßenrand stehen.
„Die parken ja in der Nähe der Schrebergärten!", bemerkt Jule.
Sie gehen näher ran. „Da!", zeigt Max auf ein Gartenhäuschen im Schrebergarten.
Ein Mann mit Maske kommt heraus und trägt einen Gegenstand. Der Mann entdeckt die Kinder und ruft: „Hey, was macht ihr da? Haut bloß ab. Kinder haben hier nicht zu suchen."

Jule antwortet: „Ach, und was machen Sie hier? Sind Sie etwa derjenige, der in die Schrebergärten einbricht?"
Der Mann antwortet wütend. „Wenn ihr irgendjemandem etwas von dem hier sagt, dann passiert was".
Als die Kinder weggehen, sagt Maik zu den anderen: „So, rufe ich meinen Vater an, er ist schließlich bei der Polizei!"
Dummerweise hat der Mann diesen Satz gehört und rennt ihnen nach. Und plötzlich steht auch ein zweiter Mann hinter ihnen, der sie daran hindert, wegzulaufen. „So, ihr wollt es also der Polizei erzählen? Das lasst ihr mal schön bleiben. Ihr kommt jetzt mit. Los, ins Auto, aber dalli!"

Den Kindern bleibt gar nichts anderes übrig, als in das Auto zu steigen. Die Männer laden einen Gartengrill in das Auto und fahren dann zu dem Haus am Feld und parken in der Halle. Als sie das Tor schließen, lassen sie die Kinder aussteigen. Als der Hund angerast kommt, wird er von einem der Männer ausgebremst: „Aus!".
Da kommt auch der hinkende Mann hinzu und sagt: „Mensch, Kevin, wen hast du uns denn da mitgebracht?"
Kevin antwortet genervt: „Die Kinder haben uns beim Stehlen erwischt, wir mussten sie mitnehmen!"
„Wie könnt ihr auch so blöd sein, euch erwischen zu lassen!", zischt der Hinkende.
„Ich kann ja nicht ahnen, dass Kinder hier herumschnüffeln, Olli".
„Und jetzt, was sollen wir mit ihnen machen?", fragt Olli.
„Ich weiß doch auch nicht. Aber der Kleine da wollte es der Polizei verpetzen, da konnte ich die Bande doch nicht laufen lassen." Die Männer schauen sich ratlos an und den Kindern wird ganz mulmig zumute. Sie stecken in ganz schön großen Schwierigkeiten ...

? Was haben die Männer aus den Schrebergärten gestohlen?

- ☐ Geld
- ☐ Gartengeräte
- ☐ Essgeschirr

Such dir eine der drei Aktionen aus!

Symbol-Rätsel

Für die Kinder wird es nun eng. Auf der Suche nach der Krippe haben sie sich in Gefahr gebracht. Detektive sollten daher immer auf sich selbst achten, um sich nicht in eine schwierige Lage bringen.

In Matthäus 2,1-2 ist von „Weisen" die Rede. Auch sie waren auf der Suche. Sie haben den neugeborenen König der Juden gesucht. Als sie König Herodes danach fragen, will er sie dazu benutzen, um diesen König aufzuspüren, um ihn zu beseitigen, denn er war ja eine Konkurrenz für ihn. Doch die Weisen sind nicht darauf reingefallen und haben ihn nicht informiert. Sie haben Jesus gefunden. Aber welcher Hinweis hat ihnen dabei geholfen? Du kannst es herausfinden, wenn du das Rätsel löst.
In diesem Rätsel siehst du vorn einen Gegenstand. Errate, wie dieser Gegenstand heißt, und trage die Buchstaben in die Figuren ein. Den letzten Buchstaben trägst du in das Kamel ein. Nun kannst du in den Kamelen von oben nach unten lesen, was den Weisen geholfen hat, den neugeborenen König zu finden.

Personen-Raten

Die Kinder wissen nicht, was das für ein Mann ist, der mit Frau Schmidt streitet. Habt ihr eine Idee, wer das sein könnte? Auch Detektive tappen oft im Dunkeln und brauchen noch mehr Informationen, um das Rätsel zu lösen. Das braucht viel Geduld und Einsatz.

Testet einmal aus, wie gut ihr darin seid, Informationen zu kombinieren. Dazu schreiben alle einen bekannten Namen, den möglichst alle kennen, auf einen kleinen Zettel oder auf ein Stück Kreppband. Dieser Name darf von niemandem vorher gesehen werden. Erlaubt sind bekannte Persönlichkeiten aus der Politik, eurer Stadt / eurem Dorf, dem Fernsehen oder Filmen. Es können auch Disney-Figuren sein, z. B. Mickey Mouse oder der rosarote Panther.
Wenn alle einen Namen aufgeschrieben haben, wird er auf die Stirn einer anderen Person geklebt, sodass er nicht von der/dem Ratenden gesehen wird. Es werden nun Fragen gestellt, die nur mit Ja oder Nein zu beantworten sind, z. B.: „Bin ich aus dem Fernsehen bekannt? Bin ich eine echte Person? Lebe ich noch? Bin ich eine Person aus unserem Ort?"
So geht die Raterunde immer im Kreis, bis alle erraten haben, welche Person sie sind.

Engelkarten-Basteln

Die Kinder sind in eine gefährliche Situation geraten. Sie waren aber auch unvorsichtig und haben sich leichtsinnig verhalten. Mit Dieben ist nicht zu spaßen und Kinder sollten den Verbrechern nicht zu nahekommen. Besser ist es, bei einem Verdacht die Eltern zu Rate zu ziehen, sie können dann entscheiden, ob die Polizei eingeschaltet wird oder nicht. Um euch die Zeit ein bisschen zu verkürzen, bis ihr erfahrt, wie es mit den Kindern weitergeht, ist hier eine Bastelidee für euch: In der Weihnachtsgeschichte kommen immer wieder Engel vor. Deshalb könnt ihr euch jetzt eine Engel-Karte basteln. Die könnt ihr zu Weihnachten auch toll verschenken. Die Bastelanleitung findet ihr im Downloadbereich.

23. Dezember

Das ist ja ein ganz schöner Schlamassel, in den die Kinder da hineingeraten sind! Die Männer beraten, was sie mit den vier anfangen sollen. Sie fangen an zu streiten.
„Ich muss aufs Klo", sagt Luisa.
Die Männer halten in dem Gespräch inne und lassen die Kinder ins Haus. Sie dürfen abwechselnd auf die Toilette gehen, aber es ist immer ein Aufpasser vor der Tür. Danach werden die Kinder ins Wohnzimmer eingeschlossen und der Hund liegt vor der Türe.
Luisa fragt ängstlich: „Und jetzt? Was machen die mit uns?"
Doch Maik flüstert siegessicher: „Hört mal her. Ich habe ja noch Mamas Handy."
„Hey, das ist ja prima", sagt Jule leise. „Dann kannst du jetzt deinen Vater anrufen und ihm Bescheid geben."

Und das macht Maik jetzt auch. Er wählt die Handynummer seines Vaters und schildert ihre Lage. Herr Müller macht sich sofort mit Kollegen auf den Weg. Nach nur wenigen Minuten steht das Polizeiauto vor dem Haus und Herr Müller klingelt an der Tür. Als die Männer die Polizistinnen und Polizisten sehen, bekommen sie Panik und flüchten durch die Hintertür in den nahen Wald. Doch Maik reißt ein Fenster auf und ruft seinem Vater zu, dass die Männer flüchten. Sofort sprinten zwei Polizisten los, um die Männer einzufangen. Herr Müller kommt durch die Hintertür ins Haus und befreit die Kinder. Der Hund knurrt zwar gefährlich, aber Herr Müller kann ihn weglocken und einsperren.

Luisa fällt ihrem Vater in die Arme: „Ich bin so froh, dass du da bist!"
Herr Müller schaut die Kinder tadelnd an: „Was ihr gemacht habt, ist

echt gefährlich! Diese Männer haben wahrscheinlich die ganzen Schrebergärten ausgeraubt und wer weiß, was sonst noch. Da habt ihr euch leichtsinnig in Gefahr gebracht. Macht so etwas nie wieder, hört ihr?!"
Die Kinder nicken und blicken verschämt zu Boden. Nach wenigen Minuten steht ein weiteres Polizeiauto vor dem Haus und die Männer werden in Handschellen ins Auto verfrachtet. Kevin schaut die Kinder wütend an. Doch die Kinder sind froh, dass er ihnen nichts mehr tun kann.

Herr Müller bringt die Kinder erst einmal nach Hause. Als sie daheim ankommen und anfangen zu erzählen, werden sie erst einmal ausgeschimpft, weil sie sich in Gefahr gebracht haben. Aber dann sind die Eltern einfach nur froh, ihre Kinder gesund wiederzuhaben. Welch eine Geschichte, und das einen Tag vor Heiligabend!

? Wie konnten die Kinder befreit werden?

- ☐ Maik ruft mit dem Handy seinen Vater an.
- ☐ Die Kinder klettern aus dem Fenster.
- ☐ Die Einbrecher haben eine Tür offengelassen.

Such dir eine der drei Aktionen aus!

Dankbarkeits-Übung

Die Kinder sind sehr dankbar, dass ihnen nichts passiert ist und dass sie zur Aufklärung der Einbrüche beitragen konnten. So eine gefährliche Aktion solltest du nicht machen! Nach der Aufregung – alles ist ja gut ausgegangen – darfst du dir nun überlegen, für was du dankbar bist. Was ist dir denn in der letzten Zeit geglückt? Wer hat dir bei der Bewältigung deiner Aufgaben geholfen? Vielleicht magst du den Personen auch mal „Danke" sagen? Bestimmt fallen die viele Dinge ein, für die du dankbar bist und die man nicht mit Geld kaufen kann. Was wäre das denn zum Beispiel?

Bibel-Entdecker

Das ist ja gerade noch gut gegangen und die vier Kinder sind gerettet worden. Ihnen wurde geholfen und das ist doch super, oder? Als Detektiv brauchst auch du immer wieder Hilfe zur Lösung eines Falles. Also keine Scheu, frag andere Menschen um Hilfe, wenn du nicht mehr weiterkommst.

Manchmal haben wir Menschen viele Fragen an das Leben und verstehen vieles nicht. In der Weihnachtsgeschichte lesen wir, dass Jesus gekommen ist, um uns Menschen zu helfen. Bereits im Alten Testament ist verheißen worden, dass Jesus geboren wird. Lest zusammen Jesaja 9,5-6. Dort steht, dass ein Kind geboren wird – nämlich Jesus. Welche Namen werden ihm dort gegeben? Und welche Eigenschaften werden damit angesprochen? Tragt die Ergebnisse zusammen. Was sagt das in Bezug auf morgen, wenn ihr Heilig Abend feiert? Wer wird da gefeiert? Und wie helfen uns die Namensbedeutungen von Jesus?

Bibel-Lesen

Das ist ja eine aufregende Sache, die die Kinder erlebt haben. Gott sei Dank sind sie gerettet worden. Für sie war die Polizei ihre Rettung. Wenn wir morgen Weihnachten feiern, dann denken wir daran, dass Jesus ja auch als Retter auf die Welt gekommen ist. Es gibt bereits im Alten Testament viele Vorhersagen zu Jesu Geburt.
Lest zusammen folgende Bibelstellen und tragt zusammen, was ihr herausgefunden habt:

Bibelstelle	Was steht darin über Jesus und Weihnachten?
Jesaja 7,14	
Jesaja 9,5-6	
Micha 5,1	
Sacharja 9,9	

Ihr seht, es gibt bereits lange vor der Geburt Jesu einige Vorhersagen und Verheißungen über ihn. Wie gut, dass alles genau so auch eingetroffen ist. In Markus 8,27 fragt Jesus seine Jünger, was die Leute sagen, wer er sei. Sie erzählen ihm, was sie von Menschen über ihn gehört haben. Und dann stellt Jesus seinen Jüngern die Frage: „Und Ihr? Was sagt ihr, wer ich bin?" Da platzt Petrus heraus und sagt: „Du bist der Christus!" Zur Erklärung: Jesus Christus bedeutet: Jesus ist der Gesalbte, der Sohn Gottes, der von Gott zur Erlösung aller Menschen gesandte Messias. Was antwortest du, wenn du gefragt wirst, wer Jesus Christus für dich ist?

24. Dezember

Am nächsten Morgen erzählt Herr Müller seinen Kindern beim Frühstück, dass Kevin der Sohn von Frau Schmidt ist. Beim gestrigen Verhör hat ihnen Kevin erzählt, dass er auf die schiefe Bahn geraten ist und viele Schulden hat. Deshalb hat er sich mit den beiden Heizungsmännern zusammengetan und mit den Einbrüchen seine Schulden zurückbezahlt. Er hat auch das Bild von Martin Luther geklaut und in Ulm verkauft. Seine Mutter hat geahnt, dass ihr Sohn hinter den Einbrüchen steckt und deshalb dem Pfarrer nichts von dem verschwundenen Bild erzählt. Kevin bereut es inzwischen auch, dass er so viel gestohlen hat.
Luisa sagt nachdenklich: „Es ist echt voll traurig, dass dieser Kevin keinen anderen Weg gesehen hat als zu stehlen."
Und Maik ergänzt: „Ja, das stimmt. Wisst ihr was, lasst uns doch für Kevin und auch für die anderen beiden Gauner beten. Schließlich ist Jesus auch für sie auf die Welt gekommen!".
Das halten alle für eine gute Idee. Weihnachten bedeutet ja, dass alle zu Jesus kommen dürfen.

Zwei Stunden später klingelt das Telefon und Herr Müller geht dran. Er hört erst zu, was der Anrufer sagt, dann antwortet er: „Danke für den Anruf. Wir sehen uns gleich im Gottesdienst".
Er berichtet, dass ihm Pfarrer Huber gerade erzählt hat, dass die Krippe wieder da ist! Herr Wegberg, der Hausmeister, hatte die Krippe zur Reparatur zum Schreiner gebracht. Dann ist er aber krank geworden und niemand wusste, dass die Krippe beim Schreiner ist. Aber nun geht es Herr Wegberg wieder besser und er hat den Schreiner angerufen. Jetzt steht die die Krippe wieder in der Kirche. Die Kinder sind total aus dem Häuschen, dass die lang gesuchte

Krippe wieder da ist. Sie rufen die anderen an und berichten von der freudigen Nachricht.

Am Nachmittag gehen die Familien in den Weihnachts-Gottesdienst in die Kirche. Pfarrer Huber begrüßt die Gemeinde. Nachdem Weihnachtslieder gesungen werden, wird das Krippenspiel der Kinderkirche aufgeführt: Josef zieht mit der schwangeren Maria nach Betlehem und sie landen in einem Stall, wo der neugeborene Jesus in die Krippe gelegt wird. Hier strahlen die Kinder, denn sie freuen sich, dass das Jesuskind in der schönen Krippe liegt, die sie so sehr gesucht haben. Die Hirten auf dem Feld hören von den Engeln die Botschaft „Fürchtet euch nicht! Siehe, ich verkündige euch große Freude, die allem Volk widerfahren wird; denn euch ist heute der Heiland geboren, welcher ist Christus, der Herr, in der Stadt Davids. Und das habt zum Zeichen: Ihr werdet finden das Kind in Windeln gewickelt und in einer Krippe liegen" (Lk 2,10-12 Lu). Und so machen sich die Hirten auf den Weg und finden Jesus durch den leuchtenden Stern und fallen vor dem Kind nieder und beten es an. Besonders Jule ist von diesem Text sehr angesprochen. Sie hat erfahren, dass Jesus bei ihr war, als sie seine Hilfe gebraucht hat. Sie nimmt sich vor, in Zukunft öfter zu beten und mit Jesus zu reden. Und deshalb ist für Jule dieses Weihnachten so ganz besonders. In diesem Jahr fühlt sie sich hingezogen zu dem Kind in der Krippe. Sie möchte Jesus noch näher kennenlernen.
Und als die Gemeinde dann das Lied singt: „Ich steh an deiner Krippe hier, o Jesu, du mein Leben", da wird es den Kindern ganz warm ums Herz. Sie begreifen plötzlich: Es geht ja eigentlich nicht um die Krippe an sich, sondern um das Kind, das darin liegt, Jesus. Und so können sie voller Freude in dieses Lied mit einstimmen.

Vielleicht kannst du / könnt ihr es jetzt auch? Wenn du magst, dann singe das Lied für dich oder mit deiner Familie und freu dich daran, dass Jesus auch für dich auf die Welt gekommen ist.

24

Liebe Kinder, liebe Eltern, liebe Mitarbeitende,

Hier endet also der Adventskrimi und ich hoffe, dass er euch gefallen hat. Die Idee von einem Kinder-Krimi ist im Jungschar-Creativteam im EJV Vaihingen an der Enz entstanden. Ich habe die Geschichte geschrieben und viele Ideen für die Rätsel und Basteleien zusammengesucht und beschrieben. Ein paar Ideen haben Mitglieder vom JuCrea-Team beigetragen. Die bunten Bilder hat unser damaliger FSJler Jan Müller extra für den Adventskrimi gemalt. Vielen Dank für die wertvolle Unterstützung!

Ursprünglich war der Krimi als Adventskalender auf der Homepage des EJV zu sehen, bei dem man jeden Tag eine Tür öffnen konnte. Jetzt habe ich den Krimi für eine Buchform bearbeitet und weitere Ideen überlegt. Die Geschichte ist frei erfunden. Aber die Weihnachtsbotschaft bleibt: Jesus ist für dich geboren, um Gottes Liebe spürbar für dich zu machen. Seinen Geburtstag feiern wir an Weihnachten.

In diesem Sinne wünsche ich dir / euch / Ihnen frohe und gesegnete Weihnachten!

Claudia Brenner

ZUSATZSTOFF

Material

1. Dezember
Geschenke-Textgitter: 1 Stift, 1 Vorlage (s. im Buch oder Downloadbereich)
Schatz-Suche: 1 Wecker/Handy, Süßigkeiten
Schatz-Schnitzeljagd: 1 (abgepackte) Süßigkeit pro Kind, Hinweise (Beispiele s. Aktion)

2. Dezember
Bilder-Rätsel: 1 Stift, 1 Vorlage (s. im Buch oder Downloadbereich)
Ermittlungs-Tagebuch: Stifte, 1 DIN-A3-Plakat, 1 Vorlage (s. im Buch oder Downloadbereich)
Gedächtnis-Training: keins

3. Dezember
Labyrinth-Rätsel: 1 Stift, 1 Vorlage (s. im Buch oder Downloadbereich)
Lieder-Raten: keins
Wortschatz-Training: Wörter auf Karteikarten oder Zetteln (Beispiele s. Aktion), Stoppuhr, 1 Zettel, 1 Stift

4. Dezember
Teelicht-Experiment: 1 Teelicht, 1 durchsichtiges Glas, 1 durchsichtige Schüssel, 2 Gummibärchen, Wasser
Muffin-Bäckerei: Zutaten für 12 Muffins: 50 g Zartbitterschokolade, 100 g Butter, 250 ml Milch, 2 Eier, 300 g Mehl, 75 g Zucker, 2 TL Backpulver, 1 TL Kakaopulver, 12 gefettete Muffinförmchen oder Papierförmchen
Advents-Überraschung: je nach Überraschung, die vorbereitet wird

5. Dezember
Mäuse-Rätsel: 1 Stift, 1 Vorlage (s. im Buch oder Downloadbereich)
Tier-Quiz: 1 Stift pro Kind, 1 Vorlage (s. im Buch oder Downloadbereich)
Buchstaben-Salat: 1 Stift pro Kind, 1 Vorlage pro Kind (s. im Buch oder Downloadbereich)

6. Dezember

Nikolaus-Suchbild: 1 Stift, 1 Vorlage (s. im Buch oder Downloadbereich)

Nikolaus-Basteln: 1 leere Klopapierrolle pro Kind, 2 Stück rotes Tonpapier pro Kind (je 9,5 x 14,5 cm), Tesafilm, 1 Bleistift pro Kind, 1 Lineal pro Kind, 1 silberner oder goldener Stift, 1 Stück weißes Tonpapier pro Kind, Klebstoff, 1 Stück Alufolie pro Kind (30 x 15 cm), 1 roter Pfeifenputzer pro Kind, 1 Stück rotes Krepppapier pro Kind (16 x 10,5 cm), 1 Schere pro Kind, 1 kleiner Wattebausch pro Kind; Anleitung s. im Downloadbereich

Schokoladen-Spiel: 1 großer Schokoladen-Nikolaus, Zeitungspapier, Weihnachtsgeschenkpapier, Klebestreifen, Paketschnur, 1 Würfel, 1 Paar Handschuhe, 1 Mütze, 1 Schal, 1 Messer, 1 Gabel

7. Dezember

Fehler-Suchbild: 1 Stift, 1 Vorlage (s. im Buch oder Downloadbereich)

Lücken-Rätsel: 1 Stift pro Kind, 1 Vorlage pro Kind (s. im Buch oder Downloadbereich), ggf. 1 Bibel

Schäfer-Spiel: 1 Seil (zur Kennzeichnung des Stalls), 1 Augenbinde pro Kind, 1 Stoppuhr

8. Dezember

Windlicht-Basteln: 1 leeres (Einmach-)Glas pro Kind, Finger- oder Acrylfarbe oder Transparentpapier, Pinsel, Klebstoff, 1 Teelicht pro Kind, ggf. weitere Bastelmaterialien zum Verzieren (Bänder, Schleifen usw.), ggf. Schablonen (Sterne, Weihnachtsbäume usw.), ggf. Scheren; Anleitung s. im Downloadbereich

Geschichten-Spiel: Markierungen für die beiden Sicherheitszonen, 1 Geschichte (s. im Downloadbereich)

Weihnachtsstern-Basteln: 2 gelbe, quadratische Stücke Papier pro Kind (Größe je nach gewünschter Größe des Sterns), Scheren, Klebestoff, 1 Nadel, Faden; Anleitung s. im Downloadbereich

9. Dezember

Schaf-Quiz: 1 Computer mit Internet-Zugang, 1 Vorlage (s. im Buch oder Downloadbereich), ggf. 1 Stift und 1 Zettel

Schäfer-Quiz: 1 Vorlage pro Kind (s. im Buch oder Downloadbereich), 1 Computer mit Internetzugang, ggf. 1 Stift und 1 Zettel, ggf. 1 Bibel, ggf. Buntstifte und Papier
Psalm-Entdecker: 1 Vorlage pro Kind (s. im Buch oder Downloadbereich), 1 DIN-A3-Plakat, Eddings, 1 Bibel pro Kind, ggf. Zettel und Stifte

10. Dezember
Krippen-Bild: Papier und Buntstifte
Krippen-Basteln: viele flache, ähnlich große Steine; Pinsel; wasserfeste Acrylfarbe; ggf. leere Kisten; ggf. Naturmaterialien; Anleitung s. im Downloadbereich
Fotostory-Aktion: 1 gute (Handy-)Kamera, ggf. 1 Einverständniserklärung der Sorgeberechtigten pro Kind (s. im Downloadbereich)

11. Dezember
Buchstaben-Rätsel: 1 Stift, 1 Vorlage (s. im Buch oder Downloadbereich)
Kakao-Küche: Zutaten für 2 große oder 4 kleine Tassen: 225 g Schokolade mit mind. 65% Kakaoanteil, 350 ml Vollmilch, 120 ml Sahne, 3 EL Puderzucker, etwas Schlagsahne (leicht aufgeschlagen) und Kakao zum Garnieren
Buchstaben-Salat: 1 Stift pro Kind, 1 Vorlage pro Kind (s. im Buch oder Downloadbereich)

12. Dezember
Buchstaben-Labyrinth: 1 Stift, 1 Vorlage (s. im Buch oder Downloadbereich), ggf. 1 Bibel
Stern-Basteln: 1 leere Klopapierrolle pro Kind, gelbe Acryl- oder Wasserfarbe, 1 Pinsel pro Kind, 1 Bleistift pro Kind, 1 Schere pro Kind, Klebstoff, ggf. 1 Nadel und Faden; Anleitung s. im Downloadbereich
Fitness-Test: Bibeln, 1 Päckchen Mehl (1 kg), mehrere DIN-A4-Blätter, 1 Stoppuhr, mehrere Doppelseiten einer Zeitung, Streichhölzer, 1 leere Flasche

13. Dezember
Labyrinth-Rätsel: 1 Stift, 1 Vorlage (s. im Buch oder Downloadbereich)

Zuhör-Übung: keins
Wörter-Rätsel: 1 Stift pro Kind, 1 Vorlage pro Kind (s. im Buch oder Downloadbereich)

14. Dezember
Zahlen-Rätsel: 1 Stift, 1 Vorlage (s. im Buch oder Downloadbereich)
Ball-Schlacht: je nach Spielen, die gespielt werden, s. Downloadbereich
Geschenke-Diebstahl: Pylonen o. Ä. (zum Markieren der Depots), 30–50 Süßigkeiten (am besten einzeln verpackt) oder andere kleine Gegenstände, 1 Stoppuhr, 1 Wäscheklammer pro Kind

15. Dezember
Buchstaben-Rätsel: 1 Stift, 1 Vorlage (s. im Buch oder Downloadbereich)
Krippen-Rätsel: 1 Stift pro Kind, 1 Vorlage pro Kind (s. im Buch oder Downloadbereich)
Wörter-Rätsel: 1 Stift pro Kind, 1 Vorlage pro Kind (s. im Buch oder Downloadbereich)

16. Dezember
Lieder-Singen: keins
Kinderpunsch-Küche: Zutaten für 4 Personen: 1 l Wasser, 5 Beutel Weihnachts-Früchtetee, 0,5 Stangen Zimt, 0,5 Beutel Glühweingewürz, 1 l Apfelsaft, 1 l Traubensaft, 0,25 l Orangensaft, 1 Topf, 1 Herd
Städte-Quiz: 1 Vorlage (ggf. pro Kind; s im Buch oder Downloadbereich), ggf. 1 Stift pro Kind

17. Dezember
Bilder-Rätsel: 1 Stift, 1 Vorlage (s. im Buch oder Downloadbereich)
Bibel-Lesen: 1 Bibel pro Kind
Weihnachts-Traditionen: keins

18. Dezember
Lieder-Rätsel: 1 Stift, 1 Vorlage (s. im Buch oder Downloadbereich)
Wäscheklammer-Klau: 1 Stuhl, 1 Augenbinde, 10 Wäscheklammern, 1 aufgerollte Zeitung

Schatz-Wache: 1 Stuhl, 1 Augenbinde, 1 Schatz (Box mit Süßigkeiten o. Ä.), 1 aufgerollte Zeitung

19. Dezember

Geschenk-Vorbereitungen: ggf. Papier und Stifte, ggf. Material zum Verzieren

Aufwärm-Übungen: keins

Buchstaben-Gitter: 1 Stift pro Kind, 1 Vorlage pro Kind (s. im Buch oder Downloadbereich)

20. Dezember

Angst-Bekämpfung: keins

Mut-Zuspruch: keins

Kim-Spiel: 1 Tisch, 20 verschiedene Gegenstände (z. B. Stift, Tasse, Kerze, Flasche, Ball, Bonbon, Liederbuch), 1 Tuch (zum Abdecken der Gegenstände), 1 Stoppuhr

21. Dezember

Bibel-Entdecker: 1 Bibel

Bibel-Lesen: 1 Bibel pro Kind

Symbol-Rätsel: 1 Stift pro Kind, 1 Vorlage pro Kind (s. im Buch oder Downloadbereich)

22. Dezember

Symbol-Rätsel: 1 Stift, 1 Vorlage (s. im Buch oder Downloadbereich)

Personen-Raten: 1 kleiner Zettel / 1 Stück Kreppband pro Kind, 1 Stift pro Kind

Engelkarten-Basteln: Acrylfarbe, Pinsel, bunter Tonkarton, 1 Vorlage pro Kind (s. Downloadbereich), ggf. weiteres Bastelmaterial nach Bedarf; Anleitung s. im Downloadbereich

23. Dezember

Dankbarkeits-Übung: keins

Bibel-Entdecker: 1 Bibel pro Kind, ggf. Zettel und Stifte

Bibel-Lesen: 1 Bibel pro Kind, 1 Vorlage pro Kind (s. im Buch oder Downloadbereich)

24. Dezember

keins

Lösungen

1. Dezember

Geschenke-Textgitter

B	X	U	D	P	O	H	T	Y	L	D	T
A	O	A	H	U	E	B	I	B	E	L	A
U	F	C	A	Z	F	U	H	R	B	E	G
S	E	S	R	Z	G	C	L	O	Z	O	E
T	R	T	M	L	B	H	O	S	E	I	B
E	N	V	M	E	P	G	A	I	U	U	U
I	G	I	T	A	R	R	E	X	N	H	C
N	L	O	A	U	T	O	C	U	T	N	H
E	A	M	S	O	C	K	E	N	H	M	G
E	S	B	S	P	I	E	L	E	N	P	H
O	Y	B	E	G	M	S	O	E	W	E	N
T	A	S	C	H	E	N	L	A	M	P	E

2. Dezember

Bilder-Rätsel

1	2	3	4	5	6	7	8	9

G	E	S	C	H	E	N	K	E
I	N	C	H	A	I	A	A	I
E	G	H	R	G	S	G	K	N
ß	E	L	I	E	E	E	T	G
K	L	Ü	S	L	N	L	U	A
A		S	T		B		S	N
N		S	B		A			G
N		E	A		H			
E		L	U		N			
			M					

3. Dezember

Labyrinth-Rätsel

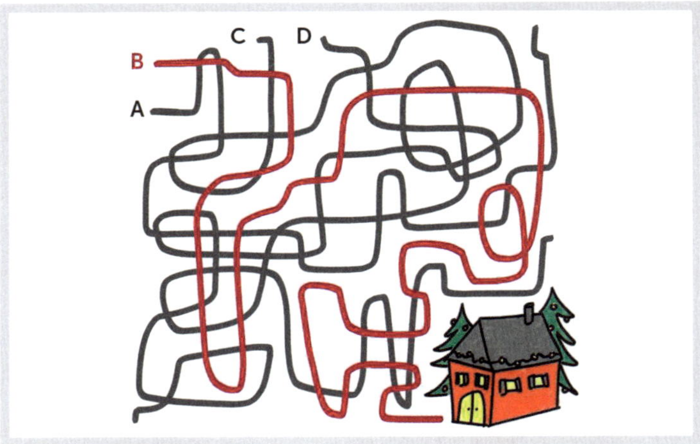

Stülpe das Glas über das Alu-Schiffchen und drücke es nach unten. Weil im Glas kein Wasser ist, geht das Teelicht unter. Wenn du mit dem Glas dann ganz vorsichtig nach oben gehst und schließlich das Glas ganz wegnimmst, schwimmt das Alu-Schiffchen wieder auf der Wasseroberfläche.

5. Dezember

Mäuse-Rätsel

Tier-Quiz: 1. c), 2. c), 3. a), 4. c), 5. b), 6. d)

Buchstaben-Salat: von oben nach unten: Biertische, Kerzenständer, Bilderrahmen, Kleidung, Geschirr, Dekoration, Kerzen, Feuerzeug, Kartons

6. Dezember

Nikolaus-Suchbild

7. Dezember

Fehler-Suchbild

Lücken-Rätsel: Von oben nach unten; links nach rechts: Hirte, nichts, weidet, grünen, führet, Wasser, erquicket, Straße, Namens, wanderte, Tal, fürchte, mir, Stecken, trösten, Angesicht, salbest, schenkest, Gutes, Barmherzigkeit, Leben, Hause

9. Dezember

Schaf-Quiz

1. Das normale Hausschaf liefert je nach Größe 3 bis 6 kg Wolle pro Schur bzw. pro Jahr. Es gibt Zuchten, die bis zu 10 kg Wolle pro Schaf erzeugen.
2. 10 bis 12 Jahre
3. Gras, Heu, Stroh, Laub und Rinde von Laubgehölzen, evtl. Kraftfutter
4. Man unterscheidet Schaf und Ziege an der Haltung des Schwanzes: Schafe lassen den Schwanz hängen, Ziegen hingegen stellen den Schwanz auf.
5. Lamm
6. Bock oder Widder
7. Schäferhund

Schäfer-Quiz

1. Die Aufgabe eines Schäfers ist es, Futterplätze für seine Schafe zu finden, die Herde zusammenzuhalten und vor Gefahren zu beschützen.
2. Gott ist wie ein Hirte, der auf die Schafe aufpasst. Genauso passt er auf dich auf, dass es dir gut geht und dass du dich nicht verirrst. So, wie der Schäfer Futterplätze und grüne Wiesen für die Schafe sucht und die Schafe dorthin führt, so sorgt Gott als guter Hirte dafür, dass du mit dem versorgt wirst, was du zum Leben brauchst. Ein Hirte schütze die Schafe vor Gefahren. Genauso beschützt dich Gott und ist bei dir, wenn du Angst hast. Gott als guter Hirte meint es gut mit dir und sorgt für dich.
3. Hier steht ein besitzergreifendes Wort: Mein Hirte! Für die Person, die betet, ist Gott als Hirte nicht irgendein Hirte, sondern der ganz persönliche Hirte. Sie glaubt an diesen Hirten und weiß sich in den Armen des guten Hirten geborgen. Wie sieht es mit

dir aus? Kannst du beten: Der Herr ist mein Hirte? Oder bist du noch unsicher?
Wichtig: du darfst mit diesem guten Hirten reden und ihm alles sagen, was dir auf der Seele liegt. Gott will für dich der gute Hirte sein und du bist eingeladen, zu einer Herde dazuzugehören. Lies doch Psalm 23 immer mal wieder und lerne ihn auswendig. Versuche dir bildlich vorzustellen, wie der gute Hirte für seine Schafe sorgt.

Psalm-Entdecker

1. Der Hirte weidet die Schafe auf saftigen Wiesen und führt die Schafe zu frischen Wasserquellen. Damit erfrischt er die Schafe und somit haben sie genug Kraft für ihr Leben. Der Hirte führt die Schafe auf dem richtigen Weg – dafür verbürgt sich Gott mit seinem Namen. Und wenn ein Schaf sich im Dunklen fürchtet, muss es keine Angst haben, weil der Hirte bei ihm ist. Mit einem Stecken verteidigt der Hirte die Schafe vor wilden Tieren, mit dem Stab holt er kranke Tiere aus der Herde und kümmert sich um sie. Das tröstet die Schafe, sie wissen sich von dem guten Hirten beschützt.
   Wenn jemand mit Menschen Streit hat und sie uns wie Feinde begegnen, hilft Gott uns und ist um uns wie eine schützende Mauer. Für Gott ist jeder Mensch unendlich wertvoll und er hat uns alle erwählt – das bedeutet „mit Öl salben" – und er schenkt uns Leben im Überfluss. Gott schenkt uns so viel Gutes und er erbarmt sich über uns, wenn wir Hilfe brauchen. Wir sind eingeladen, bei Gott zu sein und zu bleiben und mit ihm Gemeinschaft zu haben.
2. Wenn wir immer wieder in der Bibel lesen, lernen wir Gott immer besser kennen. Lest die Geschichten und schaut genau hin, wie die Menschen Gott erlebt haben. Dazu eignet sich besonders die Weihnachtsgeschichte. Achtet darauf, welche Person der Weihnachtsgeschichte von Gott berührt wird. Und ihr kennt sicher Menschen in eurem Umfeld, die viel mit Gott erlebt haben. Fragt sie, warum sie an Gott glauben und wie sie Gott erleben.

11. Dezember

Buchstaben-Rätsel: von links nach rechts: Tier, Maus, Turm, Hund, Maik, Dieb, Krippe, Schafe, Advent, Muffin, Zentrale, Hirten

Buchstaben-Salat: von oben nach unten: Jesus sagt: Ich bin das Licht der Welt.

12. Dezember

Buchstaben-Labyrinth

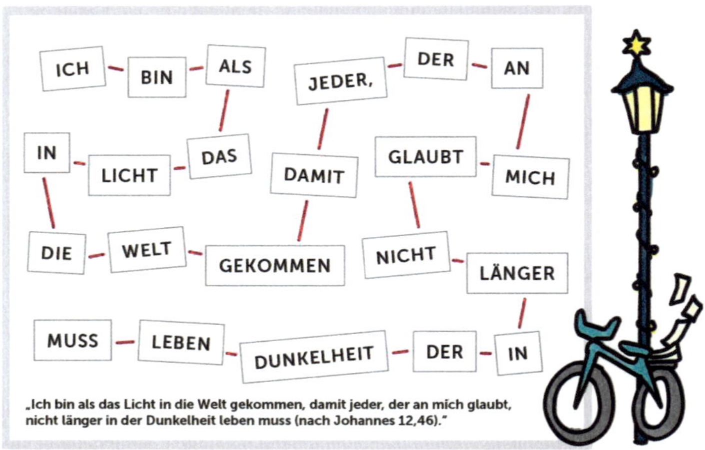

13. Dezember
Labyrinth-Rätsel

Wörter-Rätsel: Lösungssatz: Maria bringt Gottes Sohn zur Welt

14. Dezember
Zahlen-Rätsel

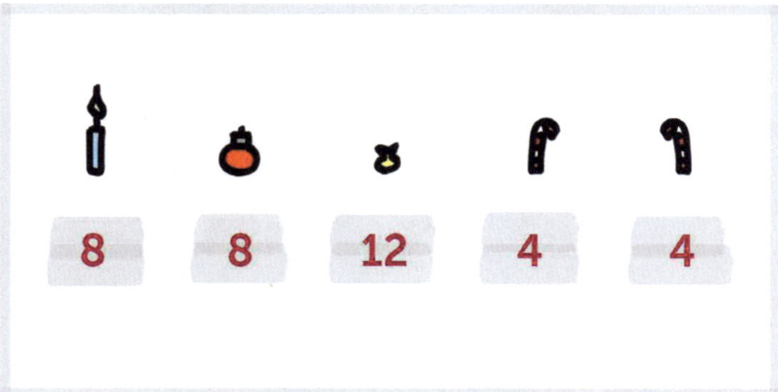

15. Dezember

Buchstaben-Rätsel

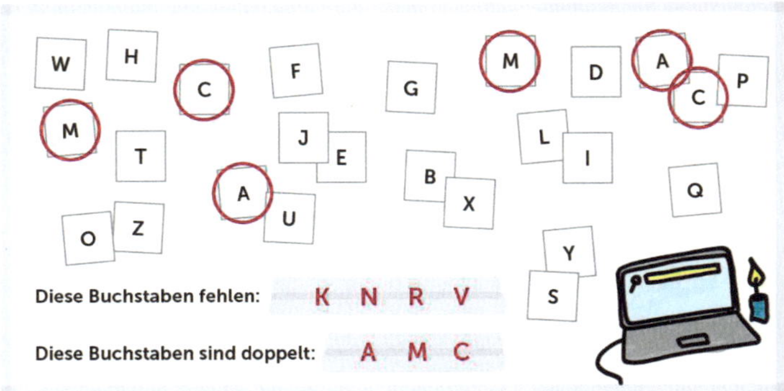

Krippen-Rätsel

Wörter-Rätsel: von oben nach unten: Kraft, Spiel, Press, Fahr, Ball, Arzt, Fach, Vorher, Anhänger, Verkehrs

16. Dezember

Städte-Quiz: 1. c), 2. b), 3. c), 4. a), 5. c)

17. Dezember

Bilder-Rätsel

Bibel-Lesen

Was erfahrt ihr über Maria? Maria hat in Nazareth gelebt. Sie war verlobt mit Josef, der ein Nachkomme von König David war. Eines Tages kam der Engel Gabriel zu Maria und sprach sie an mit „Sei gegrüßt, du Begnadete! Der Herr ist mit dir!". Maria erschrak darüber und wusste nicht, was das sollte. Doch dann sagte ihr der Engel, dass sie keine Angst haben solle und dass sie auserwählt sei, Gottes Sohn auf die Welt zu bringen. Sie würde schwanger werden und einen Sohn gebären und sie solle ihm den Namen Jesus geben. Doch Maria wusste nicht, wie das gehen soll, denn sie war noch nicht verheiratet. Der Engel erklärte ihr, dass der Heilige Geist das bewirken würde und so Gottes Sohn geboren werden würde. Wir lesen von Maria, dass sie zu dem Auftrag, den der Engel ihr gab, ja sagte.

Was erfahrt ihr über Jesus? Im Text könnt ihr sehen, dass Jesus Gottes Sohn ist.

Warum ist Jesus auf die Welt gekommen? Jesus ist von Gott auf die Erde geschickt worden, um uns Menschen zu retten und von Gottes Liebe zu erzählen.

18. Dezember

Lieder-Rätsel: 1. Strophe: Oh, du fröhliche, oh, du selige, gnadenbringende Weihnachtszeit! Welt ging verloren, Christ ist geboren. Freue, freue dich, oh, Christenheit.
2. Strophe: Oh, du fröhliche, oh, du selige, gnadenbringende Weihnachtszeit! Christ ist erschienen, uns zu versühnen. Freue, freue dich, oh, Christenheit.
3. Strophe: Oh, du fröhliche, oh, du selige, gnadenbringende Weihnachtszeit! Himmlische Heere, jauchzen dir Ehre. Freue, freue dich, oh, Christenheit.

19. Dezember

Buchstaben-Gitter

A	B	V	S	P	U	K	R	M	A	E	W	A
O	G	E	S	C	H	E	N	K	E	L	B	H
C	P	L	Ä	T	Z	C	H	E	N	D	I	E
B	M	K	I	R	C	H	E	S	B	N	B	W
Z	A	W	I	L	K	E	J	S	A	U	E	X
R	R	K	R	I	P	P	E	W	U	O	L	W
H	I	R	T	E	N	D	S	B	M	V	P	R
G	A	T	U	D	E	X	U	P	E	S	N	U
T	A	D	V	E	N	T	S	K	R	A	N	Z
J	E	P	E	R	V	W	P	L	I	C	H	T

21. Dezember

Bibel-Entdecker

Jesus ist in Betlehem zur Welt gekommen.
In Sacharia 9,9 wird beschrieben, dass Gott ein König ist (der Sohn Gottes), der auf die Welt kommt. Er kommt nicht in einem Schloss zur Welt, sondern arm (in einer Krippe).

In Matthäus 21,1 ff. wird der Einzug Jesu auf einem Esel beschrieben. Jesus ist ein Helfer, der vielen Menschen helfen wird und er ist gerecht, das heißt, er wird keine Ungerechtigkeiten dulden und lässt sich nicht bestechen.

Bibel-Lesen

Josef war ein Nachkomme von König David. Als er Maria verlassen wollte, weil das Kind nicht von ihm war, sagte ein Engel zu ihm: „Josef, hab keine Angst und nimm Maria als deine Frau zu dir. Denn das Kind, das sie erwartet, kommt vom Geist Gottes. Er wird sein Volk von aller Schuld befreien. Du sollst ihn Jesus nennen." Das alles hatte Gott schon vor vielen Jahren durch einen Propheten vorhergesagt. Dieser sagte: „Die Jungfrau wird schwanger werden und einen Sohn zur Welt bringen, den werden sie Immanuël nennen" (Jes 7,14). Der Name bedeutet: „Gott steht uns bei"

Symbol-Rätsel

22. Dezember

Symbol-Rätsel

23. Dezember

Bibel-Entdecker

In Jesaja wird ein neuer König auf dem Thron Davids angekündigt, der der Herrschaft durch einen fremden König ein Ende bereiten wird. Es folgen dann seine Ehrennamen, das ist ein Brauch im Alten Orient:

- „Wunder-Rat": Damit ist gemeint, dass er als Herrscher große und gewaltige Taten mit Besonnenheit planen kann. Er kann ein wunderbarer Ratgeber sein.
- Gott-Held: Die geplanten Taten wird als Held ausführen. Der neue König ist ein starker Gott.
- Ewig-Vater: Dieser Vater wird sich um das Wohlergehen seines Volkes kümmern und soll deshalb ewig leben und regieren.
- Friede-Fürst: Mit diesem Namen wird das Regierungsprogramm des Königs dargelegt: Er wird Frieden (Shalom) schaffen.

„Uns ist ein Kind geboren" meint, dass Jesus für uns auf die Welt gekommen ist. Ihn feiern wir an Weihnachten. Jesus bedeutet „Retter",

„Erlöser" und „Heiland". So ist er auf die Welt gekommen. Als Kind in der Krippe wirkt er klein, schwach und hilflos, in Wahrheit aber ist es der Retter, Erlöser, Helfer, Wunder-Rat, Gott-Held, Ewig-Vater, Friede-Fürst. Das Kind hat sogar noch mehr Namen: Christus heißt er, Messias, Gesalbter, Gottessohn, Menschensohn, Davidssohn – und Immanuel, das bedeutet „Gott mit uns". Gott ist mit uns und schenkt uns seinen Frieden.

Bibel-Lesen

Bibelstelle	Was steht darin über Jesus und Weihnachten?
Jesaja 7,14	Jesaja prophezeit, dass eine reine junge Frau den Sohn Gottes zur Welt bringen wird.
Jesaja 9,5-6	Jesaja prophezeit, dass Jesus Christus als Kind geboren wird; Jesus wird mit verschiedenen Namen bezeichnet.
Micha 5,1	Micha prophezeit, dass Jesus in Betlehem geboren wird.
Sacharja 9,9	Die Bewohner von Jerusalem dürfen sich freuen, denn Gott kündigt das Kommen eines Königs an, der seinem Volk helfen wird. Dieser König ist arm und wird Frieden bringen. Nach christlicher Überzeugung ist der hier verheißene König in Jesus Christus erschienen.

Die Autorin

Claudia Brenner, geboren 1962, ist Jugendreferentin im Evangelischer Kirchenbezirk Vaihingen-Ditzingen. Schon seit vielen Jahren ist sie in der Arbeit mit Kindern unterwegs, liest mit Vergnügen viele unterhaltsame Bücher und lacht sehr gern. Schon als Kind hat sie sich fantasievolle Geschichten ausgedacht.

Ich danke meinem Jungschar-Creativteam, das mit mir im Bereich „Arbeit mit Kindern" Veranstaltungen und Ideen plant und umsetzt. Sie haben auch für diesen Adventskrimi so manche Ideen geliefert. Im Team arbeiten mit: Josephin Collmer, Bianca Kaiser, Corina Schäfer, Norbert Schray

Danke an Jan Müller für die tollen Illustrationen (er zeichnete sie im Rahmen seines Freiwilligen Sozialen Jahres im EJV).

Vielen Dank an die Testfamilien und -gruppen, die im Advent 2021 den Adventskrimi getestet haben!